Inhaltsverzeichnis

I0439468

Impressum

Herausgegeben von der Sozialistische Alternative – SAV im März 2014

V.i.S.d.P., Satz und Umschlaggestaltung: Holger Dröge

Sozialistische Alternative – SAV, Littenstraße 106/107, 10179 Berlin
Telefon: (030) 24 72 38 02, Email: info@sav-online.de
www.sozialismus.info

Marcus Hesse

Einleitung

Der französische Frühsozialist Charles Fourier sagte zu Beginn des 19. Jahrhunderts einmal, dass sich der Fortschritt einer Gesellschaft nach der Stellung der Frau in ihr bemessen ließe. Welches Zeugnis dies der bürgerlichen Gesellschaft gibt, darüber brauchen wir wohl keine weiteren Worte zu verlieren. In Deutschland 2014, also in einem der reichsten Länder der Welt, verdienen Frauen durchschnittlich 22 Prozent weniger als Männer.

Die Russische Revolution und die sie politisch anführende Partei der Bolschewiki haben dem Kampf um die Befreiung der Frau einen bedeutenden Platz gewidmet. Die Revolution von 1917 hat mit der Beseitigung des Privateigentums an Produktionsmitteln und mit der Überwindung der religiösen Vorurteile Errungenschaften den Weg geebnet, die selbst heute keine Selbstverständlichkeiten sind.

Frauen hatten in den revolutionären Bewegungen, besonders in der sozialistischen Bewegung eine bedeutende Rolle gespielt. Denken wir nur an die Kämpferinnen der Commune oder daran, dass die Textilarbeiterinnen von Petrograd am 8. März 1917 dem Sturz des Zaren den Weg bereiteten, woran der Weltfrauentag erinnert.

Die folgenden Texte stellen eine Sammlung von Schriften und Reden Leo Trotzkis zur Frage der Befreiung der Frau und der Rolle der Familie in der nachrevolutionären Gesellschaft dar. Manche sind Auszüge aus bekannteren Schriften, manche sind eher unbekannt. Sie geben einen Eindruck davon, welche befreienden Veränderungen die Revolution brachte, aber eben auch mit welchen Widersprüchen und Hindernissen damals zu kämpfen war.

Trotzkis Kritik am Stalinismus, der sich seit Mitte der 1920er Jahre entwickelte und in 19030er Jahren zur Zerstörung vieler Errungenschaften führte, schließt diese Broschüre ab. Im Kapitel „Familie, Jugend, Kultur. Der Thermidor in der Familie" aus dem Werk „Verratene Revolution" beschreibt Trotzki, welche Rückschritte der Stalinismus für die Situation von Frauen hatte. Denn die Wiederherstellung von

Privilegien und Hierarchien gingen mit der Entdemokratisierung von Gesellschaft und Staat einher. Das schlug sich auch in den Familien- und Geschlechterverhältnissen nieder.

Nach der Oktoberrevolution wurden erste Schritte eingeleitet, die sozialer und politischer Gleichheit den Weg bereiteten: Frauen erhielten das Wahlrecht, Ehescheidungen wurden erleichtert. Zugleich begann die Sowjetmacht erste Schritte dahin, die Hausarbeit und Kindererziehung zu vergesellschaften. Später sollte auch die Legalisierung von Abtreibungen und die Entwicklung einer neuen, freieren Sexualmoral das Leben erleichtern.

Die Bolschewiki setzen dabei nicht auf Stellvertreterpolitik. Kommunistische Frauen organisierten sich selbst in den Betrieben und Stadtvierteln, vertraten selbstbewusst ihre Interessen und mussten dabei nicht selten gegen sexistische Verhaltensweisen und Vorurteile ihrer männlichen Kollegen, Genossen und Partner kämpfen.

Frauen erkämpften sich ihren Platz in der Revolution und im neuen Arbeiterstaat. Die Führung um Lenin und Trotzki half ihnen dabei. Jedoch blieb die Bolschewistische Partei von Männern dominiert. Prominente Persönlichkeiten wie die Volkskommissarin Kollontai und Krupskaja waren da leider Ausnahmen. Wenngleich auch inspirierende Ausnahmen.

Die Revolution der ArbeiterInnen und armen BäuerInnen war von Anfang an gezwungen, sich mit allen Mitteln zu verteidigen. Gestützt von der Perspektive, dass die Russische Revolution nur der Auftakt sei zur Weltrevolution, konnte sich die Sowjetmacht behaupten. Gegen einheimische konterrevolutionäre Armeen und Interventionsarmeen aus 14 Staaten war die russische Arbeiterklasse schließlich nach fast drei Jahren siegreich. Auch Frauen kämpften massenhaft in der Roten Armee oder dienten der Revolution als Partisaninnen und politische Kommissarinnen.

Der Preis des Sieges war jedoch fürchterlich: Fabriken und Transportwege waren zerstört, es herrschten Hunger und Seuchen wie Typhus, die fast zehn Millionen Menschen das Leben kosteten. Städte wie Moskau und Petrograd verloren zeitweise mehr als die Hälfte ihrer Bevölkerung. Der normale Austausch zwischen Stadt und Land fand nicht mehr statt, sodass die Lebensmittel oft mit Gewalt von den BäuerInnen eingetrieben werden mussten.

Diese Phase trägt den Namen „Kriegskommunismus" und war im Grunde kommen ein Wirtschaften in einer belagerten Festung. Der Privathandel wurde ausgeschaltet, das Geld verlor seine Bedeutung durch staatliche Zuteilung der rationierten Güter. Aber der Name „Kriegskommunismus" war auch eine Art Selbstbetrug. Denn Sozialismus und erst recht Kommunismus (= höher entwickelter Sozialismus) kann niemals auf Mangel basieren. Dennoch unternahm die Sowjetregierung getragen vom Enthusiasmus der ArbeiterInnen enorme Schritte, das Land zu verändern: Millionen AnalphabetInnen lernten Lesen und Schreiben und einfache Menschen übten politische Macht aus„ getreu Lenins Motto dass jede Köchin lernen müsse, einen Staat zu führen. Marxistische Feministinnen wie Alexandra Kollontai hielten Vorträge vor Arbeiterinnen und Bäuerinnen, wo sie mit ihren Zuhörerinnen über freie Liebe, Befreiung von der Reduzierung auf Haushalt und Familie und eine neue Sexualmoral diskutierte.

Doch die Kinderkrippen und Kantinen waren auf Grund von Armut und Mangel unzureichend. Seuchen machten sie sogar zu gefährlichen Plätzen. Die materielle Not, die 1917 die Massen zur Revolution trieb, war immer noch da. Die Menschen tummelten sich in Brotschlangen. Die Revolutionen in anderen Ländern scheiterten. Russland blieb allein. Die Arbeitermacht konnte sich behaupten, litt aber unter einem Aderlass von Millionen Toten und ebenso vielen zu Waisen gewordenen Kindern, die in Banden hungernd durch das Land streiften und stahlen.

Diese ohne eine Rettung durch Revolution in anderen Ländern aussichtslose Lage brachte die Sowjetmacht dazu, wirtschaftspolitisch einen taktischen Rückzug zu machen. Der Privathandel wurde legalisiert, wobei die großen Betriebe staatlich blieben und die ArbeiterInnen über Gewerkschaften und Kommunistische Partei eine gewisse Kontrolle ausüben konnten. Die Bauern konnten wieder über ihre Produkte frei verfügen und diese auf den Markt bringen. Diese „Neue Ökonomische Politik" (russische Abkürzung NEP) war eine zweischneidige Sache. Sie führte zu einer Erholung der Wirtschaft nach sieben Jahren Weltkrieg und Bürgerkrieg, aber schuf auch neue soziale Ungleichheit. In den Läden gab es wieder was zu kaufen, aber unrentable Betriebe wurden geschlossen. Es gab wieder Arbeitslosigkeit. Frauen waren besonders stark davon betroffen.

Die NEP-Zeit war widersprüchlich. Kulturell war sie eine Zeit des Aufbruchs. Neue, liberale Ehegesetze gaben Frauen eine nie dagewesene Freiheit. Über die Kommunistische Partei, die Kommunistische Jugend, Frauenverbände und Gewerkschaften drangen Kampagnen gegen häusliche Gewalt und für Verhütung in die abgelegensten und rückständigsten Dörfer. Aber mit der wachsenden Bedeutung des Geldes und wachsenden Gegensätzen zwischen Neureichen und der Masse gab es auch wieder Prostitution.

Zugleich entstand eine neue Schicht von privilegierten Bürokraten. Diese reichte von Parteifunktionären und hohen Staatsbeamten bis hin zu Industriedirektoren. Diese erlangten materielle Privilegien und sonderten sich von der Masse ab. Nach dem Bürgerkrieg war die Kommunistische Partei die einzige legale Partei gewesen, da die anderen Parteien die Gegenrevolution unterstützt hatten. So strömten auch Karrieristen in die KP. Die neue Bürokratie wurde zunehmend konservativer. In Stalin, dem neuen Generalsekretär, fand die Bürokratie ihren Interessenvertreter. Stalin passte nach Lenins Tod auch die marxistische Theorie den Bedürfnissen der Bürokratie an: So wurde ab 1924 behauptet, dass Sozialismus alleine in einem Land aufgebaut und verwirklicht werden könne.

Trotzki war in den frühen 1920er Jahren der nach Lenin bedeutendste politische Führer in der jungen Sowjetunion und stand bis 1925 noch an der Spitze der Roten Armee. Er nutze die friedlich Phase nach Ende des Bürgerkrieges, um sich eingehender mit kulturellen Fragen und Fragen des Alltagslebens zu beschäftigen. Seine hier dokumentierten Reden und Artikel von 1923 und 1925 hielt er noch als Vertreter der Regierung. Sie konnten in den offiziellen staatlichen Zeitungen erscheinen und wurden vom Staatsverlag publiziert. Er schrieb über alltagskulturelle Fragen und soziale Problemen wie denen des Alkoholismus, über Familienverhältnisse, den Einfluss von Religion und Kirche auf den Alltag und Lesegewohnheiten der Arbeiterklasse und ähnliches. Dabei stützten sich seine Beobachtungen auf Umfragen und reichhaltiges Faktenmaterial. Trotzki war sehr interessiert an Psychologie und dem Faktor des Unterbewussten. Er betonte, dass alte Gewohnheiten und Denkweisen weitaus hartnäckiger seien als politische und ökonomische Machtverhältnisse. Die Eigentumsverhältnisse und die Macht im Staat habe man im Jahr 1917 binnen Monaten umwälzen können. Aber der Kampf um ein anderes Zusammenleben bedürfe viel längerer Zeit.

Lenin und Trotzki führten einen erbitterten Kampf gegen die Bürokratisierung und für die Wiederbelebung der Rätedemokratie. Nach Lenins Tod wurde Trotzki, der ab 1923 eine oppositionelle Plattform bildete, nach und nach von allen politischen Ämtern verdrängt. 1927 wurde er aus der Partei ausgeschlossen und nach Kasachstan verband. 1929 aus der UdSSR verbannt.

Doch bis zum endgültigen Sieg der Stalin-Fraktion gelang es Trotzki, eine starke Opposition zu bilden. Diese Linke Opposition bekämpfte die Idee, dass Sozialismus in einem Land alleine möglich sei. Sie forderte eine Rückkehr zur Demokratie in den Räten und der Partei, eine raschere Industrialisierung und Wirtschaftsplanung, trat gegen eine Bevorzugung der wohlhabenderen BäuerInnen auf und forderte ein Ende von Ungleichheit und Privilegien.

Die Linke Opposition hatte kein spezifisches frauenpolitisches Programm. Sie verstand den Kampf um Demokratie und größere soziale Gleichheit als Aufgabe für beide Geschlechter.

Die Bürokratie um Stalin konnte sich durchsetzen, weil nach vielen Jahren Krieg, Bürgerkrieg und Hunger die Menschen in der isolierten Sowjetunion müde waren. Stalins Propagandamaschinerie konnte Trotzki als ultralinken Fanatiker diskreditieren, der überall in der Welt nur Revolutionen anzetteln wolle und die Interessen der Bauernschaft ignoriere.

Gegen Ende der 20er Jahre ging die Bürokratie um Stalin dazu über, die Geschichte der Oktoberrevolution systematisch zu verfälschen. Das Andenken an Trotzki sollte vernichtet werden. Er wurde aus Bildern entfernt, seine Schriften wurden verboten und die seine führende Rolle in der Revolution fortan verschwiegen. Zeitgleich entstand ein Kult um Stalin. Die AnhängerInnen der Opposition verschwanden in die Lager und Gefängnisse.

Nach der Zerschlagung der Linken Opposition ging Stalin gegen die vormals mit ihm verbündeten Rechten vor. Jetzt übernahmen die Stalinisten die Industrialisierungspläne, aber setzte sie mit völlig bürokratischen Mitteln um. Ein Fünfjahresplan wurde geschaffen, der am Ende schon in vier Jahren erfüllt werden sollte. Damit einher ging die Zwangskollektivierung der Landwirtschaft. Diese Maßnahmen veränderten die soziale Zusammensetzung der Bevölkerung radikal. Millionen Bäuerinnen und Bauern wurden über Nacht in Genossenschaften gezwungen. Die Städte wuchsen und die Industrialisierung schritt voran. Doch dies auf dem Rücken der ArbeiterInnen und verbunden mit staatlicher Repression. Die im Zuge der Revolution abgeschafften Inlandspässe wurden wieder eingeführt, was die Freizügigkeit im Land einschränkte. Eine neue Arbeitsgesetzgebung brachte drakonische Strafen für Verspätungen. Streiks wurden verboten. In den Betrieben wurden die Arbeitsnormen erhöht. Die Bürokratie initiierte Kampagnen zur Übererfüllung des Plans. ArbeiterInnen, die die Normen übererfüllten, bekamen materielle Privilegien. Für die große Mehrheit bedeutete das Mehrbelastung. Vor allem für Frauen, die nun neben der Kindererziehung und Hausarbeit in Fabriken Stoßarbeit leisten mussten. Die einseitige Förderung der Schwerindustrie führte zu Warenknappheit. Soziale Ungleichheit und Privilegien nahmen zu. Stalin wandte sich gegen die Idee der „Gleichmacherei".

In den 30er Jahren ließ Stalin offiziell verkünden, dass der Sozialismus in der UdSSR verwirklicht sei. Doch das Lebensniveau für die Mehrheit der ArbeiterInnen und Kolchos-BäuerInnen war niedrig. Eine ganze Familie teilte sich in vielen Städten nur ein kleines Zimmer in einer Gemeinschaftswohnung. Für hohe Funktionäre und ihre Familien gab es Sonderläden mit Luxusgütern. Die Wirtschaft blieb zwar verstaatlicht und der Kapitalismus abgeschafft. Aber das Gefälle zwischen den privilegierten Spitzen und der großen Masse nahm zu. Die offizielle Propaganda pflegte Führerkult und pries das „glückliche Leben der Sowjetmenschen".

Trotzki musste ab 1929 diese Verhältnisse aus dem Exil analysieren und hielt über die Internationale Linke Opposition und später die Vierte Internationale die Verbindungen zur weltweiten kommunistischen Opposition gegen den Stalinismus zusammen.

Je mehr der Stalinismus die Demokratie in der Gesellschaft beseitigte, desto mehr ging er dazu über, soziale Errungenschaften der Revolution einzuschränken und leitete einen Rollback ein. In der Familienpolitik bedeutete das eine Stärkung der traditionellen Familienform und eine Betonung der Ehe als einziger akzeptierter Form des Zusammenlebens.

Zwar sollte im Stalinismus durch die völlig normale Frauenerwerbstätigkeit, die Abschaffung des Privateigentums an Produktionsmitteln und das Fehlen des reaktionären Einflusses der Kirche die Stellung der Frau bis zum Untergang 1989 bis 1991 besser bleiben als im Kapitalismus – doch ein Zurück zu den Fortschritten der Ära Lenins und Trotzkis sollte es nie mehr geben.

Dennoch wussten Frauen die verbliebenen Errungenschaften gegen imperialistische Angriffe zu verteidigen. Im Zweiten Weltkrieg kämpften bis zu eine Millionen Frauen in der Roten Armee und halfen damit Europa vom Faschismus zu befreien.

Nach dem Zweiten Weltkrieg wurde das stalinistische System auf weite Teile Osteuropas ausgedehnt. Für Frauen bedeutete das enorme Fortschritte gegenüber dem was davor war, aber die bürokratischen Diktaturen blieben diese weit hinter der sowjetischen Frühzeit zurück.

Auch in der DDR, in der durch flächendeckende Kinderbetreuung und am Ende eine 92prozentige Frauenerwerbsarbeit die Stellung der Frau besser war als in der BRD, hielt im Grunde an einem traditionellen Frauenbild fest. Familie und Ehe waren gesellschaftliche Norm. Abtreibung blieb dort bis 1972 verboten.

Andere Länder, die sich „sozialistisch" nannten, waren da repressiver. So verbot Rumäniens Diktator Ceaucescu ab 1966 Abtreibungen und sogar Verhütungsmittel bei schweren Strafen, um der Nation genügend Kinder für den „Aufbau des Sozialismus" bereit zu stellen. Das zeigt, wie frauenfeindlich und reaktionär der Stalinismus im schlimmsten Fall sein kann.

Trotzdem war die Wiedereinführung des Kapitalismus 1989-1991 in Osteuropa eine soziale Katastrophe für Frauen, die nunmehr von Massenarbeitslosigkeit und fehlenden Zukunftsperspektiven betroffen sind. Der Stalinismus ist inzwischen Geschichte und eine neue Generation ist mit der tiefsten Krise des Kapitalismus seit 1929 konfrontiert. Immer mehr Menschen suchen nach Alternativen. Die authentischen Ideen des Marxismus, vertreten und verteidigt durch Leo Trotzki, sind bei dieser Neuorientierung – die notwendig eine Analyse der Pervertierung des Sozialismus/Kommunismus durch den Stalinismus einschließt – besonders wertvoll.

Die Revolution von 1917 hat Großes für die Befreiung der Frau geleistet und Dinge vorweggenommen, die heute noch nicht erreicht sind.

Und das unter Bedingungen der Rückständigkeit, der Not, des Hungers und des verallgemeinerten Mangels! Trotzkis Schriften und Reden geben einen guten Eindruck davon.

Christine Thomas[1]

Frauen, die Russische Revolution und der Stalinismus

„Die Stellung der Frau ist der anschaulichste und wirkungsvollste Indikator, um die Entwicklung eines sozialistischen Regimes und einer staatlichen Politik einzuschätzen" schrieb der russische Revolutionär Leo Trotzki 1938. In Russland spiegelte sich das in den Errungenschaften auch und gerade für Frauen nach der Oktoberrevolution 1917 – und dann in den Rückschlägen in Folge der stalinistischen Konterrevolution wieder.

Russland war 1917, vor der Revolution, eines der rückständigsten Länder. 1887 wurde im Rahmen einer konservativen Welle Frauen der Zugang zu allen Hochschulstudien untersagt. Sie hatten bis 1917 de facto den Status unmündiger Sklavinnen. So stand zum Beispiel in den zaristischen Gesetzen:

> „Die Frau ist gehalten, ihrem Mann als dem Haupt der Familie zu gehorchen, bei ihm in Liebe, Respekt, unbegrenzter Gehorsamkeit zu bleiben, ihm jeden Gefallen zu tun und ihm jede Zuneigung als eine Hausfrau zu erweisen."

Gleichzeitig waren Frauen aber ein wichtiger Teil der aufstrebenden, sich organisierenden und oft kämpferisch auftretenden Arbeiterklasse. Frauen spielten in der Revolution von 1905 eine wichtige Rolle und ein großer Teil der Industriearbeiterschaft war weiblich. Dieser stieg im Zuge des Ersten Weltkrieges je nach Branche um 70 bis 400 Prozent an, als die Männer an der Front waren und die Frauen in Russland wie auch im Rest der kriegsführenden Welt diese Jobs übernehmen mussten. Zu Zeitpunkt der Oktoberrevolution waren rund 40 Prozent der ArbeiterInnen weiblich – und es waren Frauen, die den Anstoß zur Februarrevolution 1917 gaben.

---

1   in einer Überarbeitung von Sonja Grusch, Auszug aus: Christine Thomas, Es muss nicht bleiben wie es ist – Frauen und der Kampf für eine sozialistische Gesellschaft, SAV, 2012

Die Bolschewiki führten 1917 eine revolutionäre Massenbewegung von ArbeiterInnen und BäuerInnen an. Diese Bewegung stürzte Kapitalismus und Großgrundbesitz und begann in Russland, einen Arbeiterstaat zu errichten.

Dieses Ereignis von welthistorischer Bedeutung inspirierte ArbeiterInnen in der ganzen Welt und machte ihnen bewusst, dass es eine Alternative zum kapitalistischen Horror gab und eine sozialistische Veränderung der Gesellschaft möglich war.

Die Themen Frauenunterdrückung/Frauenbefreiung waren in der Arbeiterbewegung schon länger präsent (wenn auch nicht unumstritten, da sich der in der Gesellschaft vorhandene Sexismus auch in Teilen der Arbeiterbewegung widerspiegelte): Friedrich Engels („Der Ursprung der Familie, des Privateigentums und des Staates") und August Bebel („Die Frau und der Sozialismus") hatten sich damit beschäftigt, doch darüber hinaus gab es wenig grundsätzliches Material. Doch seit 1900 gab es eigene Treffen und Konferenzen sozialistischer Frauen im Rahmen der Zweiten Internationale.

Auch für die Bolschewiki war die Frauenbefreiung ein Kernpunkt des Programms. Nadeshda Krupskaja – führendes Mitglied der Bolschewiki und weit mehr als „nur" Lenins Frau – hatte im Jahr 1900 die Broschüre „Die Frau und Arbeiterin" verfasst und mit Alexandra Kollontai, Inessa Armand und Clara Zetkin gab es einige Frauen an der Spitze der Bewegung. Seit 1913 hatte das Zentralkomitee beschlossen, spezielle Schritte zur Organisierung von Arbeiterinnen zu setzen und im Jahr 1914 erschienen einige Ausgaben einer speziellen Zeitung für Frauen durch die Partei, Rabotnitsa. Die Oktoberrevolution und der Sturz des Kapitalismus machten radikale Reformen möglich. Diese Errungenschaften übertrafen bei weitem die Fortschritte, die Frauen in wirtschaftlich weiter entwickelten kapitalistischen Ländern erreicht hatten.

Zum Beispiel wurde die Ehe zu einem einfachen Verwaltungsakt, beide Partner hatten das Recht, sich scheiden zu lassen. Alle Frauen, die einen Schwangerschaftsabbruch brauchten, konnten diesen legal und kostenlos vornehmen lassen. Homosexualität wurde legalisiert. Vergewaltigung in der Ehe wurde strafbar – in Österreich dauerte das zum Beispiel bis 2004! Das Prinzip „Gleicher Lohn für gleiche Arbeit" wurde eingeführt. Neue Arbeitsschutzgesetze verbesserten die Situation der Arbeiterinnen. Sie hatten jetzt Anspruch auf 16 Wochen bezahlten Mutterschutz; stillende Mütter mussten nur noch vier Tage in der Woche arbeiten und hatten ein Recht auf regelmäßige Stillpausen.

Wie sich in den vorliegenden Texten von Trotzki zeigt war ihm, und anderen Bolschewiki, klar, dass die sozialistische Revolution nur eine notwendige Voraussetzung für die Befreiung der Frau war und ist. Weitere wichtige Faktoren sind die materiellen Voraussetzungen einer Gesellschaft und der Entwicklungsstand der Produktivkräfte.

Neben den wichtigen Fortschritten auf der rechtlichen Ebene und im Arbeitsleben erkannten die Bolschewiki auch, dass die Belastung der Frauen durch Hausarbeit in der Familie überwunden werden musste. Dies würde ihnen ökonomische Unabhängigkeit, Entscheidungsfreiheit in den persönlichen Beziehungen und eine vollständig gleichberechtigte Teilhabe in der Gesellschaft ermöglichen.

In ihrem 1919 beschlossenen Programm erklärte die Kommunistische Partei:

> „Die Partei, die sich nicht auf die formale Gleichberechtigung der Frauen beschränkt, ist bestrebt, die Frauen von den materiellen Lasten der veralteten Hauswirtschaft zu befreien, indem sie an deren Stelle kommunale Häuser, öffentliche Speisehäuser, zentrale Wäschereien und Kinderkrippen setzt."

Hausarbeit und Kinderbetreuung sollten keine individuelle, private Aufgabe der Frauen in der Familie sein, sondern vergesellschaftet und öffentlich vom Staat bereit gestellt werden.

Kinderkrippen und -gärten, öffentliche Wäschereien und Restaurants wurden eröffnet und das kostenlose Schulessen eingeführt. Die Sicht auf Familie und Kinder war eine gänzlich Neue. Das Zusammenleben von Menschen sollte ein freiwilliges sein. Kinder wurden, ebenso wie Frauen, nicht mehr als Besitz „ihrer" Eltern gesehen, sondern als Teil der Gesellschaft, die auch die Aufgabe hatte, sich um sie zu kümmern. Wie auch heute noch gab es auch damals Vorurteile gegen eine öffentliche Kinderbetreuung, der A. Kalinina 1918, auf dem Kongress der Arbeiterinnen und Bäuerinnen entgegenhielt:

> „So vollkommen eine Mutter (wir würden heute wohl „die Eltern" sagen, Anm. SG) sein mag, sie kann gar nicht soviel bieten wie die gesellschaftlich organisierte Erziehung, die auf den neuesten Errun-

genschaften der Wissenschaft, auf der Erfahrung des Volkes und auf Fonds und Hilfsquellen beruht."
Manche der Maßnahmen die die Bolschewiki setzten kennen wir auch aus dem „Roten Wien" der 1920er Jahre (öffentliche Kinderbetreuung, Gemeinschaftsküchen und -Waschküchen). Doch in der Sowjetunion ging die Übernahme der Hausarbeit viel weiter. In Petrograd, damals die am stärksten industrialisierte russische Stadt, entschieden sich 1920 neunzig Prozent der Bevölkerung in öffentlichen Restaurants zu essen, in Moskau waren es bis zu achtzig Prozent.
Aber die Arbeiterregierung musste auch das bestehende Bewusstsein von Männern und Frauen berücksichtigen. Leo Trotzki, einer der Anführer der Russischen Revolution und ganz in der marxistischen Tradition von Engels stehend beschäftigte sich intensiv mit der Frage des Bewusstseins und seiner Veränderung. In den „Fragen des Alltagslebens" schrieb er 1924:

> „Um die Lebensbedingungen zu ändern, müssen wir lernen, sie mit den Augen der Frauen zu sehen."

Frauen waren ein bedeutender Teil der Lohnabhängigen. Sie wurden aufgrund dessen wirtschaftlich unabhängiger und schätzten ihre Rolle in der Gesellschaft anders ein. Trotzdem lebten die meisten Frauen – und Männer – auf dem Lande, wo in der bäuerlichen Familie noch patriarchale Strukturen und rückständige Auffassungen vorherrschten – das männliche Familienoberhaupt übte Macht und Kontrolle über „seine" Frau aus. Viele Bäuerinnen lehnten die öffentliche Kinderbetreuung ab; sie glaubten, die Regierung wolle ihnen die Kinder wegnehmen. Sie misstrauten allem, was sie als Gefahr für die Familie oder ihrer Rolle darin sahen. Im Programm von 1919 ist daher auch zu lesen:

> „Aufgabe der Partei ist gegenwärtig vorwiegend die ideologische und erzieherische Arbeit, um alle Spuren der früheren Ungleichheit beziehungsweise der Voreingenommenheit, besonders unter den zurückgebliebenen Schichten des Proletariats und der Bauernschaft, konsequent zu tilgen."

Eine bewusste Kampagne war notwendig, um die in der Gesellschaft tief verwurzelten rückständigen und reaktionären Einstellungen gegenüber Frauen zu überwinden.

Zu diesem Zweck gab es koordinierte Maßnahmen, um Frauen, die weniger als zehn Prozent der Parteimitgliedschaft ausmachten, aktiv am Aufbau der neuen Gesellschaft zu beteiligen. Schon bei der Durchführung der Revolution hatten Frauen eine wichtige Rolle gespielt. Der Auslöser der Februarrevolution war eine Frauendemonstration wo zehntausende ArbeiterInnen für „Brot und Frieden" und den Sturz der Zarenherrschaft marschiert waren. Die Prawda, die Zeitung der Bolschewiki, schrieb dazu:

> „Der erste Tag der Revolution – das ist der Frauentag, der Tag der Arbeiter-Internationale. Ehre der Frau! Ehre der Internationale! Als erste betraten die Frauen die Straßen Petrograds an ihrem Tage. In Moskau haben die Frauen an diesem Tage vielfach die Haltung des Militärs entschieden: Sie gingen in die Kasernen, überredeten die Soldaten, auf die Seite der Revolution zu treten, und die Soldaten folgten ihnen. Ehre der Frau!"

Ihre Tatkraft beim Umbau der Gesellschaft und für ihre eigene Befreiung war nun unverzichtbar.

Es gab einige Frauen an der Spitze von Partei und Staat, doch natürlich waren auch innerhalb der Partei die konservativen Rollenbilder nicht vollständig überwunden. Und es gab lange Debatten über die Stellung der Frauenarbeit in der Partei beziehungsweise die Haltung zur bürgerlichen Frauenbewegung. Diese hatte, auch weil die Arbeiterbewegung die speziellen Problemen und die spezielle Betroffenheit von Frauen nicht immer in ausreichendem Masse aufgegriffen hatte, im 19. Jahrhundert auch unter einem Teil der Arbeiterinnen eine gewisse Attraktivität erreichen können. Teile der Arbeiterbewegung hatten argumentiert, dass sich die Frauenunterdrückung quasi automatisch mit dem Sturz des Kapitalismus erledigen würde. Aus dieser politischen Ecke kam dann auch in den 1960er Jahren die Argumentation, dass die Frauenunterdrückung nur ein „Nebenwiederspruch" wäre mit dem man sich nicht befassen müsse. Die Bolschewiki im Gegensatz dazu nahmen die Frauenbefreiung als aktuelles und wichtiges Thema war. Prominenteste Vertreterin war Alexandra Kollontai, die 1917 als erste Frau der Welt die Funktion einer Volkskommissarin inne hatte. MarxistInnen, argumentierte Kollontai, müssen die spezifischen Probleme, mit denen Frauen konfrontiert sind aufgreifen, wenn sie diese für die Ideen des Sozialismus gewinnen und von den falschen Ideen und Konzepten des bürgerlichen Feminismus wegbringen wollen. Feminismus ist ein sehr breiter Begriff, der verschiedenste ideologische Zugänge umfasst. Umgang und Einschätzung von Frauenorganisationen die versuchen, Frauen aufgrund ihres Geschlechtes über Klassenlinien hinweg zu organisieren war und ist eine brennende Frage. Es gab und gibt Themen die alle Frauen, egal aus welcher Klasse sie kommen, betreffen. Früher waren das vor allem der Zugang zu politischen und sonstigen Grundrechten. Auch Fragen von häuslicher Gewalt, Vergewaltigung und sexuelle Übergriffe, Sexismus und Fragen rund um Sexualität und Schwangerschaft betreffen Frauen unabhängig von ihrer Klassenzugehörigkeit und rund um diese Fragen kann es natürlich zur gemeinsamen Mobilisierungen von Frauen unterschiedlicher Klassenzugehörigkeit kommen. Doch die Frage der Ursachen, Antworten und Lösungen sind grundverschieden und beeinflusst von der Klasse aus der sie jeweils kommen. Denn auch wenn Frauen aller Klassen eine Unterdrückung erleben müssen ist doch der Kampf für die Frauenbefreiung eine Klassenfrage – und zwar in dem Sinne, als dass die Frauenunterdrückung mit der Trennung der Gesellschaft in Klassen entstanden ist und sich in den verschiedenen Klassengesellschaften, inklusive dem Kapitalismus, fortgesetzt hat.

Für MarxistInnen war immer klar, dass nur mit der Überwindung der Klassengesellschaft und der Errichtung einer sozialistischen Gesellschaft die Basis für das Ende der Frauenunterdrückung gelegt werden kann. Sie sahen Frauenfragen daher als zentralen Bestandteil von Programm und Arbeit der Arbeiterbewegung. Die Frage, ob das in eigenen Organisationen beziehungsweise Strukturen, oder im Rahmen der Gesamtpartei stattfinden sollte, wurde immer wieder diskutiert. Die Bolschewiki hatten, eben weil sie die Notwendigkeit erkannt hatten, die spezielle Unterdrückung von Frauen aufzugreifen, verschiedene Initiativen gesetzt. Lenin machte 1920 klar:

> „Wir brauchen eigene Organe zur Arbeit unter ihnen (den Frauen, Anm.), insbesondere Agitationsmethoden und Organisationsformen."

So fanden spezielle Konferenzen für Arbeiterinnen (die erste bereits im November 1917), beziehungsweise für Arbeiterinnen und Bäuerinnen (1918) sowie auf internationaler Ebene (1920) statt.

1919 wurde für die politische Arbeit unter Frauen eine eigene Frauenabteilung der Kommunistischen Partei gegründet, die Zhenotdel. Eine ihrer ersten Aufgaben war es, die Frauen gegen zur Verteidigung der Revolution und ihrer Errungenschaften gegen die Angriffe der Reaktion zu mobilisieren. Auf allen Ebenen entstanden „Frauenkommissionen", um die Frauen in die Partei und den Aufbau der neuen Gesellschaft einzubeziehen. Die Zhenotdel arbeitete an Themen wie Kinderbetreuung, Wohnraum, Gesundheitsversorgung und Prostitution. Sie organisierte Delegiertenkonferenzen der Arbeiterinnen und Bäuerinnen und delegierte Frauen zur Arbeit in Behörden und der Partei. Junge Arbeiterinnen beteiligten sich mit großem Einsatz an der Öffentlichkeitsarbeit unter Frauen auf dem Land und in abgelegenen Gebieten.

Die Zhenotdel veröffentlichte Zeitungen und Magazine, organisierte Diskussionen und Ausstellungen und entwickelte neue Methoden zur Stärkung des Selbstbewusstseins von Frauen, von denen viele nicht lesen konnten. Besonders schwierig war es, Muslima in Zentralasien zu erreichen, wo weibliche Freiwillige manchmal physisch angegriffen oder sogar grausam ermordet wurden. Trotz der extrem gefährlichen Bedingungen gingen sie weiter auf die Frauen in diesen Gebieten zu und führten geheime Treffen durch, etwa in Badehäusern.

Die Revolution entfesselte enorme kreative Potentiale, die sich auf jeden Lebensbereich der Menschen auswirkten, auch auf sexuelle und persönliche Beziehungen. Besonders junge Menschen hinterfragten die bestehenden Formen des Zusammenlebens und experimentierten mit neuen Möglichkeiten, miteinander zu leben und umzugehen.

Obwohl die Führungskräfte der Kommunistischen Partei die besten Absichten hegten, war ihrem Programm für die sozialistische Veränderung und Frauenbefreiung durch die kulturelle und materielle Rückständigkeit Russlands Grenzen gesetzt. Der Weltkrieg, der das Land ruiniert hatte, und ein brutaler Bürgerkrieg, in den die imperialistischen Mächte eingriffen, um den neuen ArbeiterInnenstaat zu zerschlagen, verschlimmerten die Lage.

Die russische Revolutionärin Alexandra Kollontai erkannte, dass die Vergesellschaftung der „Frauenarbeit" in einem unterentwickelten, durch Krieg und Bürgerkrieg verwüsteten Land nicht leicht umsetzbar war. 1919 und 1920 starben allein 7,5 Millionen RussInnen an Hunger und Epidemien. 1920 erreichte die industrielle Produktion in Russland nur 12,9 Prozent des Standes von 1913. So gab es zwar viele Gemeinschaftsrestaurants in der Hauptstadt, aber ihre Zahl in den anderen Gebieten war sehr unterschiedlich, oft gab es gar keine. Häufig war das Essen so schlecht, dass ArbeiterInnen lieber einen Bogen um die Volksküchen machten und stattdessen zu Hause aßen. Das trug dazu bei, die traditionelle Aufgabenverteilung in der Familie wiederherzustellen. Es fehlte das Geld, es fehlten die Ressourcen um all die Vorschläge und Pläne auch wirklich umsetzen zu können. Die vorherrschenden materiellen Bedingungen behinderten auch Versuche, die persönlichen Beziehungen zu verändern. 1921 wurden die Neue Ökonomischen Politik und mit ihr, zeitlich begrenzt, Marktmechanismen eingeführt, um die Produktion wiederzubeleben. Als Folge davon stieg die Arbeitslosigkeit stark an, besonders viele Frauen verloren ihre Arbeitsplätze. 1923 waren 58 Prozent der Arbeitslosen in Petrograd Frauen. Formal hatten Frauen das Recht, sich scheiden zu lassen, aber in Wirklichkeit hatten die meisten aufgrund Arbeitslosigkeit und Armut keine Wahl. Sie mussten aus wirtschaftlicher Not in unglücklichen Beziehungen bleiben.

Durch ihre Arbeit konnten die Mitglieder der Zhenotdel sehr erfolgreich das Bewusstsein der Frauen verändern. Sie stellten sicher, dass sich die Partei und die Regierung mit ihren Problemen befassten, und ermutigten Frauen, sich an der Verwaltung der Gesellschaft zu beteiligen. Aber die Arbeit der Frauenabteilung wurde behindert – durch den Bürgerkrieg, durch Personalmangel und die Tatsache, dass die Frauen an Erschöpfung durch ihre Aufgaben in der Familie und am Arbeitsplatz litten.

Die Bolschewiki hatten immer argumentiert, dass es unmöglich ist, den Sozialismus in einem Land aufzubauen, insbesondere nicht in einem wirtschaftlich und kulturell so rückständigen wie dem damaligen Russland. Die Revolution musste international ausgeweitet werden, in die fortgeschrittenen kapitalistischen Länder wie Großbritannien und Deutschland. Alle Reformen, die die Arbeiterregierung einführte, waren daher nicht nur im Interesse der russischen ArbeiterInnen und Bauern, sondern dienten als Beispiele für die Arbeiterklassen in anderen Ländern. Sie sollten sie motivieren, sich für eine revolutionäre Veränderung der Gesellschaft zu organisieren.

In vielen Ländern wurden Arbeiterinnen und Arbeiter von den Ereignissen in Russland inspiriert. In Europa und darüber hinaus brachen revolutionäre Bewegungen aus. Doch gelang es keiner von ihnen, den Kapitalismus zu stürzen. Der Grund dafür lag in den Schwächen der jeweiligen revolutionären Führungen in diesen Ländern. Das Scheitern dieser Revolutionen und die daraus entstehende Isolation Russlands verstärkte die Demoralisierung in der russischen Arbeiterklasse, welche bereits geschwächt war durch Krieg, Hungersnot und lange Arbeitszeiten.

Die wirtschaftliche Rückständigkeit des Landes und die internationale Isolation der Revolution trugen dazu bei, dass die Arbeiterdemokratie und viele Errungenschaften der Revolution demontiert werden konnten. Auch die Frage der Frauenbefreiung wurde in den Hintergrund geschoben. Gleichzeitig gelangte eine bürokratische Elite an die Macht, deren Ziel vor allem die Verwaltung der Gesellschaft mit dem Ziel des eigenen Machterhalts war. Während die Planwirtschaft, basierend auf staatlichem Eigentum an den Produktionsmitteln, bestehen blieb, wurde die Arbeiterkontrolle und -verwaltung durch die Räte durch eine bürokratisch-zentralistische Kommandowirtschaft von oben ersetzt. Die Wirtschaft wuchs, jedoch verbunden mit extremen Lasten für das Leben von ArbeiterInnen und Bauern und die Umwelt.

Errungenschaften von Frauen untergraben

Durch die Oktoberrevolution und den Sturz des Kapitalismus war die Grundlage für die Frauenbefreiung gelegt worden, aber reaktionäre Rollenbilder und Verhaltensweisen waren damit nicht automatisch verschwunden. Sie lebten in der Gesellschaft, und auch der kommunistischen Partei, die ja nicht isoliert davon existiert, weiter. Auf diese konservativen und reaktionären Schichten stützen sich Stalin und die soziale Schicht der Bürokratie, die er repräsentierte. Durch die Armut des Landes war der Aufbau von Alternativen zum traditionellen Familiensystem praktisch beschränkt und dies trug auch zum Aufstieg der Bürokratie bei, die repressive und autoritäre traditionelle Familie auch als Stütze der eigenen Herrschaft benützte.

Die Interessen der ArbeiterInnen, darunter auch der Frauen, wurden unter der Leitung Stalins den Interessen der Bürokratie untergeordnet.

1928 erzwang Stalin die Industrialisierung und die Kollektivierung des Landes. Er war getrieben von der Angst, dass die stärker werdenden prokapitalistischen Elemente in der Sowjet-Gesellschaft zur Bedrohung für die Herrschaft der Bürokratie werden könnten. Durch die Industrialisierung und Kollektivierung wurden Millionen von Frauen zur Lohnarbeit gezwungen. Gleichzeitig ließ man öffentliche Einrichtungen wie Kindergärten, Volksküchen und Wäschereien absichtlich verkommen – viel mehr als dies wirtschaftlich notwendig gewesen wäre.

Ziel war nun nicht mehr die Auflösung der traditionellen Familie, sondern deren Förderung. Grund dafür war, dass die Rückkehr der patriarchalen Familie im Interesse der Bürokratie war, die sie als Instrument zur sozialen Kontrolle brauchte. Sie spiegelte die hierarchische Struktur des bürokratischen Staats wider und wurde zu einem Ort, wo besonders junge Menschen diszipliniert werden konnten, damit sie die Macht der bürokratischen Elite nicht in Frage stellten. Daher wurden viele Gesetze zur Stärkung der Familie als ökonomischer und sozialer Einheit erlassen. Weil mehr Arbeitskräfte gebraucht wurden, startete die Regierung Propagandakampagnen über die Freuden der „Mutterschaft" und forderte von den Frauen eine höhere Geburtenrate. In den Schulen wurden Mädchen in besonderen Fächern auf ihre Rolle als Mütter und Hausfrauen vorbereitet. Gerade in Fragen der Sexualität waren die konservativen Vorstellungen noch längst nicht überwunden und wurden vom Stalinismus bewusst wieder genutzt.

In der Abtreibungsfrage zeigt sich der konservative Backlash unter dem Stalinismus deutlich. Schon 1913 hatte Lenin in einem Artikel klargemacht, dass die Partei „für die unbedingte Aufhebung aller Gesetze (sei....), die die Abtreibung oder der Verbreitung medizinischer Werke über empfängnisverhütende Mittel und so weiter unter Strafe stellen." Die Abtreibung war 1920 legalisiert und kostenlos gemacht worden (wenn es auch an der Umsetzung aufgrund von konservativen Ärzten beziehungsweise einem Mangel an medizinischen Ressourcen mangelte). Es wurden einige Schriften zur Empfängnisverhütung veröffentlicht aber Verhütungsmittel waren Mangelware, da es an Technologie und Material fehlte. Es wurde aber auch im Bereich der Empfängnisverhütung geforscht unter anderem zu einer Art „Pille". Doch das änderte sich mit dem Aufstieg des Stalinismus. Viele rechtliche Verbesserungen, die die Revolution den Frauen gebracht hatte, wurden wieder zurückgenommen. Scheidungen wurden erschwert, Abtreibung in den meisten Fällen verboten. Über Parteipublikationen wurde 1927 verbreitete dass „jede Methode der Schwangerschaftsverhütung anormal ist...das Ergebnis sexueller Beziehungen muss die Empfängnis sein." In den Jahren 1938/39 wurden 12,7 Prozent aller Todesfälle von Frauen, die in Städten lebten, durch illegale Abtreibungen verursacht.

Wieder mussten Frauen für die sozialen Probleme bezahlen, was sich im Umgang mit der Frage der Prostitution zeigte. Unmittelbar nach der Revolution war der Umgang derart, dass die Bordellbesitzer sowie die Männer, die die Prostituierten kauften, verhaftet wurden, den Prostituierten selbst wurden freiwillige Möglichkeiten zur Ausbildung für verschiedene Berufe gegeben. Die sozialen Probleme in Folge von Bürgerkrieg und Hungersnöten hatten die Prostitution nicht aussterben lassen, sondern sie war ein allgegenwärtiges Problem. Unter dem Stalinismus wurden wieder die Frauen, denen oft keine Alternative als die Prostitution blieb, bestraft.

1930 wurde die Zhenotdel, damals eine Massenorganisation mit über drei Millionen Delegierten, formal aufgelöst, obwohl die ursprünglichen Ziele der Revolution, wie die volle ökonomische, soziale und sexuelle Gleichheit der Geschlechter, noch lange nicht erreicht waren, in manchen Bereichen die Errungenschaften der Revolution für Frauen sogar wieder zurück genommen worden waren. Diese Degeneration der Revolution am Beispiel der Frauenfrage analysiert Trotzki in seinem Buch „Die Verratene Revolution" 1936 unter dem Titel „Thermidor in der Familie".

Sozialistische Demokratie

Entgegen der Darstellung der Verteidiger des Kapitalismus ist eine bürokratische Degeneration nicht das unvermeidbare Ergebnis jeder sozialistischen Revolution. Genauso wenig stimmt es, dass die Unterdrückung der Frau ewig existieren wird, selbst im Sozialismus. Der Aufstieg der stalinistischen Bürokratie und die Zerstörung der Errungenschaften der Revolution haben ihre Ursache in den spezifischen Verhältnissen, die damals in Russland und international bestanden.

Eine demokratische ArbeiterInnenregierung in einem wirtschaftlich weiter fortgeschrittenen Land, stünde heute nicht vor denselben ökonomischen und kulturellen Problemen, wie die Bolschewiki nach der Revolution 1917.

Allerdings gilt: Der Sozialismus würde zwar die Grundlagen für die Veränderung der ökonomischen und sozialen Beziehungen schaffen, aber notwendig wäre auch die aktive Teilnahme von Frauen und Männern aus der ArbeiterInnenklasse an der Planung und Lenkung der Gesellschaft, ebenso wie eine Veränderung der Auffassungen und Einstellungen. Hinzu kommt, dass die kapitalistischen Kräfte in den anderen Ländern erneut eine ernste Bedrohung darstellen würden. Deshalb kann Sozialismus nur international durchgesetzt werden und muss auf einer Arbeiterdemokratie basieren. Die Sektionen und Gruppen des Komitees für eine Arbeiterinternationale, die in rund 40 Ländern auf allen Kontinenten existieren, sind Teil von Bewegungen und Protesten gegen Frauenunterdrückung.

Überall auf der Welt greifen wir das Thema Sexismus auf. Als 2011 nach der Aussage eines Polizisten in Toronto, dass „Frauen vermeiden sollten, sich wie Schlampen anzuziehen, um nicht zum Opfer zu werden" es weltweit zu Slutwalks kam, waren Mitglieder des CWI dabei. Gegen das Barbie Dreamhouse in Berlin waren Mitglieder der SAV aktiv. Die Kampagne war ein Aufschrei gegen die von Werbe- und Spielzeugindustrie propagierten Rollenklischees und erreichte nicht nur eine enorme Öffentlichkeit, sondern auch, dass das Alb-Traumhaus fünf Wochen früher als geplant schließen musste. Viele vor allem junge Frauen, aber auch Männer, hatten gemeinsam eine kämpferische Kampagne geführt. Der gemeinsame Kampf von Frauen und Männern gegen Sexismus ist nicht selbstverständlich. Weder für die Betroffenen selbst, noch für linke Organisationen. Doch wer Sexismus als Bestandteil der Klassengesellschaft und nicht als biologisch vorherbestimmtes Verhalten begreift versteht auch, dass der Kampf gegen Sexismus letztlich ein gemeinsamer sein muss.

Für uns ist daher immer wichtig, Kampagnen zu „Frauenthemen" in zum Beispiel die Gewerkschaften hineinzutragen. Anfang der 1990er Jahre gründete die britische Sektion des CWI die Kampagne gegen Häusliche Gewalt (Campaign Against Domestic Violence – CADV). Ein Erfolg von CADV war es auch zu erreichen, dass heute häusliche

Gewalt von allen wichtigen Gewerkschaften als zentrales Thema verstanden wird. Der Kampf um die maximal mögliche Einheit der Arbeiterklasse bedeutet nicht, die spezielle Unterdrückung von Frauen unter den Teppich zu kehren, sondern bedeutet, die gesamte Arbeiterbewegung zu überzeugen, das Thema ernsthaft aufzugreifen.

In Irland haben die AktivistInnen der Socialist Party Proteste gegen den von der Studierendenvertretung UCDSU veranstalteten Schönheitswettbewerb organisiert. Auch in Indien hatte die New Socialist Alternative 1996 gegen die Miss-World-Wahl Aktionen durchgeführt. In der aktuellen Bewegung gegen Vergewaltigungen in Indien fordern sie unter anderem den Aufbau von Verteidigungskomitees unter Beteiligung von Gewerkschaften, Community-Organisationen und anderen fortschrittlichen Organisationen. In Britannien gibt es die Kampagne „Rape is no joke" gegen die Verharmlosung von sexueller Gewalt in „Witzen". Doch auch hier ist die Verbindung mit sozialen Themen zentral. Wie auch in Brasilien, wo im Herbst 2013 über zweitausend Frauen an einem Treffen der „Bewegung der Frauen im Kampf" teilgenommen haben – auch ein Ergebnis der Tatsache, dass die Mehrheit der TeilnehmerInnen bei den Protesten im Sommer 2013 sowie bei den LehrerInnenprotesten Frauen waren.

Im Zuge der Wirtschaftskrise sind Frauen die ersten Opfer der sich verschlechternden sozialen Situation. Direkt durch den Verlust von Jobs und Sozialleistungen. Aber auch indirekt durch den Rückschlag, den es in Bezug auf das Frauenbild gibt. Das vorherrschende Frauenbild ist – frei nach Marx – immer das Frauenbild der herrschenden Klasse. Und in Krisenzeiten braucht sie die Frau weniger als Arbeitskraft im Erwerbsleben und mehr als kostenlose Arbeitskraft in Haushalt und Familie. Dieses Bild erfährt daher auch nicht zufällig eine Renaissance. Und ein Teil davon ist es Frauen „klar zu machen", dass wir auf dem zugeteilten Platz bleiben sollen. Wenn nötig auch mit Gewalt. Die Normalisierung von Gewalt gegen Frauen in Medien und Kultur folgt also nicht bloß einer Nachfrage auf dem Markt, sondern erfüllt eine aus Sicht der Herrschenden notwendige disziplinierende Aufgabe.

Der Kampf gegen Sexismus muss daher immer auch mit dem Kampf gegen das Gesellschaftssystem verbunden werden, das ein Interesse an der kostenlosen Arbeit von Frauen, ihrer systematischen Unterdrückung und einer Spaltung der Arbeiterklasse hat. Denn – frei nach Malcolm X: Es gibt keinen Kapitalismus ohne Sexismus.

Dieser Artikel wurde in der „Prawda" vom 13. Juli 1923 abgedruckt. Die erste englische Übersetzung von Z. Venerova erschien 1924 in „Problems of Life", (Fragen des Alltagslebens, 1924).

Von der alten zur neuen Familie

Die Beziehungen und Ereignisse innerhalb der Familie gehören wegen ihrer Eigenart zu denen, die am schwersten zu untersuchen sind und die am wenigsten statistisch zu erfassen sind. Es ist deshalb nicht leicht anzugeben, wie weit Familienbindungen heute leichter und häufiger zerbrechen als früher (natürlich in der Realität und nicht auf dem Papier). Wir müssen weitgehend nach dem Augenmaß urteilen.

Überdies besteht der Unterschied zwischen den vor-revolutionären Zeiten und heute darin, dass früher alle Sorgen und dramatischen Konflikte innerhalb der ArbeiterInnenfamilien unbeachtet von den ArbeiterInnen selbst abliefen; während heute ein größerer gehobener Teil der ArbeiterInnen verantwortungsvolle Posten innehat, ihr Leben damit viel stärker im Rampenlicht liegt und jede häusliche Tragödie Gegenstand von Kommentaren und manchmal dümmlichem Gerede wird.

Mit dieser ernsten Einschränkung gesehen lässt sich jedoch nicht leugnen, dass die Familienbeziehungen einschließlich der in der ArbeiterInnenklasse zerrüttet sind. Dies wurde als feste Tatsache auf der Konferenz der Moskauer Partei-PropagandistInnen festgestellt, und niemand zweifelte es an. Sie waren nur unterschiedlich von diesem Tatbestand beeindruckt – jeder auf seine Weise. Einige betrachteten ihn mit großer Befürchtung, andere mit Reserviertheit und einige schienen noch verwirrt zu sein. Jedoch war allen klar, dass hier eine große Bewegung im Gange war, der chaotisch abwechselnd morbide oder revoltierende, lächerliche oder tragische Formen annahm und welcher noch nicht Zeit genug gehabt hat, seine verborgenen Möglichkeiten zu entwickeln, nämlich eine neue und höhere Ordnung des familiären Lebens zu schaffen. Einige Informationen über die Desintegration der Familie kamen in die Presse, jedoch zufällig und in sehr vager, allgemeiner Form. In einem Artikel über diesen Gegenstand habe ich gelesen, dass die Desintegration der ArbeiterInnenfamilie auf den „bürgerlichen

Einfluss auf das Proletariat" zurückzuführen sei. Ganz so einfach ist es jedoch nicht. Die Wurzel des Problems liegt tiefer und ist komplizierter. Der Einfluss der Bourgeoisie existierte und existiert, jedoch der entscheidende Prozess besteht in der schmerzvollen Entwickelung der ArbeiterInnenfamilie selbst, einer Evolution, die zu einer Krise führt und deren Zeugen der ersten chaotischen Entwicklungsstufen wir heute sind.

Der tiefe, zerstörerische Einfluss des Krieges auf die Familie ist gut bekannt. Um damit zu beginnen: Der Krieg löst die Familie automatisch auf, indem er die Menschen für lange voneinander trennt und andere zufällig zusammenführt. Dieser Einfluss des Krieges wurde durch die Revolution fortgesetzt und verstärkt. Die Kriegsjahre haben all das erschüttert, was nur durch die Trägheit der geschichtlichen Tradition Bestand hatte. Sie zerstörten die Macht des Zarentums, die Klassenprivilegien, die alte traditionelle Familie. Die Revolution begann damit, einen neuen Staat aufzubauen und hat dadurch ihr einfachstes und dringendstes Ziel erreicht. Der ökonomische Teil der revolutionären Probleme erwies sich dabei als viel komplizierter. Der Krieg zerrüttete die alte ökonomische Ordnung, die Revolution warf sie über Bord. Heute sind wir dabei, neue ökonomische Verhältnisse zu schaffen – die wir jedoch noch hauptsächlich aus den alten Elementen bilden müssen, indem wir sie in neuer Weise reorganisieren.

Auf dem Gebiet der Ökonomie haben wir gerade erst die zerstörerische Periode überwunden und begonnen, Fortschritte zu erzielen. Unsere Fortschritte sind immer noch sehr langsam, und die Errungenschaften einer neuen sozialistischen Form der Ökonomie sind noch weit entfernt. Aber wir sind endgültig aus der Periode der Zerstörung und des Ruins heraus. Den Tiefpunkt hatten wir in den Jahren 1920 bis 1921 erreicht.

Die erste destruktive Periode ist noch nicht im Familienleben überwunden. Der Desintegrationsprozess schreitet noch heftig voran. Diese Tatsache müssen wir berücksichtigen. Die Familie und das häusliche Leben machen noch – sozusagen – ihre 1920 bis 1921 Periode durch und haben nicht den 1923er Standard erreicht. Das häusliche Leben ist konservativer als die Ökonomie, und einer der Gründe liegt darin, dass es noch weniger bewusst ist als die Ökonomie. In der Politik und der Wirtschaft handelt die ArbeiterInnenklasse als ganze und stellt in die Frontreihen seine Avantgarde, die Kommunistische Partei, und erreicht durch sie die historischen Aufgaben des Proletariats. Im häuslichen Leben ist die ArbeiterInnenklasse in viele kleine Zellen, die Familien, geteilt. Der Wechsel der politischen Herrschaft, und sogar der Wandel der wirtschaftlichen Ordnung des Staates – die Übernahme der Fabriken in die Hände der ArbeiterInnen – haben sicherlich Einfluss auf die Familienverhältnisse, jedoch nur indirekt und äußerlich und ohne die Formen der häuslichen Tradition der Vergangenheit wirklich anzutasten.

Eine radikale Reform der Familie und allgemein der gesamten Ordnung des häuslichen Lebens erfordert die bewusste Anstrengung auf Seiten der ganzen Massen der ArbeiterInnenklasse und setzt die Existenz einer starken molekularen Kraft innerhalb der Klasse selbst für einen Wunsch nach Kultur und Fortschritt voraus. Ein tiefgehender Pflug ist notwendig, um die schweren Erdbrocken aufzuwühlen. Die politische Gleichheit von Mann und Frau im Sowjetstaat war ein Problem, und das simpelste. Ein wesentlich schwierigeres war das nächste – die wirtschaftliche Gleichheit von Mann und Frau in den Fabriken und Gewerkschaften, welche nicht zum Nachteil der Frau ausgeführt werden darf. Aber die wirkliche Gleichheit von Mann und Frau in der Familie ist eine wesentlich schwierigere Aufgabe. Alle unsere häuslichen Gewohnheiten müssen revolutioniert werden, bevor das geschehen kann. Und dennoch ist es ganz offenkundig, dass wir nicht ernstlich von einer Gleichheit in gesellschaftlicher Arbeit und sogar in der Politik sprechen können, ohne die Gleichheit von Mann und Frau in der Familie in den gesellschaftlichen Normen wie in den Lebensbedingungen herzustellen.

Solange die Frau an die Hausarbeit gekettet ist, die Sorge für die Familie, Kochen und Nähen, sind alle Chancen auf die Teilnahme am sozialen und politischen Leben extrem abgeschnitten.

Das leichteste Problem war die Machtergreifung. Jedoch gerade dieses Problem absorbierte alle unsere Kräfte in den ersten Perioden der Revolution. Es erforderte endlose Opfer. Der Bürgerkrieg erzwang die einschneidensten Maßnahmen.

Vulgäre PhilisterInnen beklagten die Barbarisierung der Moral, über die Blutigkeit und Erniedrigung des Proletariats und so weiter.

Tatsächlich jedoch führte das Proletariat, indem es die in seine Hände gelegte revolutionäre Gewalt benutzte, einen Kampf für eine neue Kultur, für wirkliche menschliche Werte. In den ersten vier oder fünf Jahren haben wir eine Periode des schrecklichen wirtschaftlichen Zusammenbruchs durchschritten. Die Produktivität der Arbeit sank rapide und die Produkte waren von sehr schlechter Qualität, unsere sehen in dieser Situation ein Zeichen des Verfalls der Sowjetunion oder sie wollen es zumindest so sehen. In Wirklichkeit jedoch war es die unumgängliche Stufe der Zerstörung der alten wirtschaftlichen Formen und der ersten, auf sich allein gestellten Versuche zur Schaffung neuer Formen.

In Hinblick auf die Familienbeziehungen und Formen des individuellen Lebens allgemein muss es auch eine unvermeidliche Periode der Desintegration der bestehenden Verhältnisse, der Traditionen, die aus der Vergangenheit übernommen wurden,die noch nicht der Kontrolle der Vernunft unterworfen wurden, geben. Aber in dieser Domäne des häuslichen Lebens beginnt die Periode der Kritik und Destruktion später, dauert sie sehr lange und nimmt morbide und schmerzhafte Formen an, welche jedoch komplex sind und nicht immer durch oberflächliche Betrachtung erfassbar sind. Diese Merkmale des fortschreitenden kritischen Wandels in den staatlichen Bedingungen, in der Wirtschaft und im Leben allgemein müssen klar definiert werden, um nicht durch die von uns beobachteten Erscheinungen verwirrt zu werden. Wir müssen lernen, sie im richtigen Licht zu betrachten, um ihren richtigen Platz in der Entwicklung der ArbeiterInnenklasse zu verstehen und die neuen Bedingungen bewusst in die Richtung sozialistischer Lebensformen zu lenken.

Die Warnung ist notwendig, da wir schon Alarmrufe hören. Auf der Konferenz der Moskauer ParteipropagandistInnen haben einige GenossInnen mit großer und verständlicher Besorgnis von der Leichtigkeit gesprochen, mit der alte Familienbindungen zugunsten neuer gebrochen werden, die nicht weniger instabil als die alten sind. Opfer sind in allen Fällen die Mütter und die Kinder. Andererseits, wer unter uns hat noch nicht in privaten Gesprächen Beschwerden, um nicht zu sagen Lamentationen, über den „Zusammenbruch der Moral" unter der Sowjetjugend, besonders unter dem Komsomol gehört? Nicht alles an diesen Beschwerden ist Übertreibung – es ist auch Wahrheit in ihnen. Wir müssen sicherlich und werden auch die dunklen Seiten dieser Wahrheit bekämpfen – dieser Kampf ist ein Kampf für höhere Kultur und für den Aufstieg der Menschheit. Aber um unser Werk zu beginnen, um das ABC des Problems anzupacken ohne reaktionäres Moralisieren oder sentimentale Resignation, müssen wir zunächst uns der Fakten versichern und klar sehen, was tatsächlich geschieht.

Wie wir oben sagten, haben gigantische Ereignisse auf die Familie in ihrer alten Gestalt eingewirkt, der Krieg und die Revolution. Und in deren Folge kam als unterirdische Entwicklung – kritisches Denken, die bewusste Untersuchung und Bewertung der Familienbeziehungen und der Lebensformen. Es war die mechanische Kraft großer Ereignisse zusammen mit der kritischen Kraft des, erwachten Bewusstseins, die die destruktive Periode in den Familienbeziehungen hervorriefen, deren Zeuge wir heute sind. Die russischen ArbeiterInnen müssen nun, nach der Machtergreifung, ihre ersten Schritte in Richtung auf Kultur in vielen Lebensbereichen machen. Unter dem Impuls großer Kollisionen schüttelt die Persönlichkeit erstmals alle traditionellen Lebensformen, alle häuslichen Gewohnheiten, religiösen Praktiken und Beziehungen ab.

Kein Wunder, dass anfangs der Protest des Individuums, seine Revolte gegen die traditionsbehaftete Vergangenheit anarchische, oder um es schärfer zu sagen, Formen der Auflösung annimmt. Wir haben das in der Politik, in militärischen Angelegenheiten, in der Wirtschaft gesehen; hier nahm der anarchische Individualismus jede Form des Extremismus, Partisanentum, Festrednerrethorik an. Und kein Wunder, dass dieser Prozess auf die innigste Weise und damit schmerzvoll auf die Familienbeziehungen zurückwirkt. Dort verließ die erwachte Persönlichkeit die ausgetretenen Pfade, um sich in neuer Weise zu reorganisieren und nahm Zuflucht bei der „Auflösung", „Krankheit" und all den Sünden, die auf der Moskauer Konferenz angegriffen wurden.

Der durch seine erhöhte Mobilität aus seiner gewohnten Umwelt gerissene Ehemann verwandelte sich in einen revolutionären Bürger an der gesellschaftlichen Front. Ein schlagartiger Wandel. Sein Blick ist weiter, seine geistigen Anstrengungen sind höher und komplizierter. Er ist ein anderer Mensch. Und dann kommt er zurück und findet alles praktisch unverändert vor. Die alte Harmonie und das Verhältnis mit den Menschen zu Hause in der Familie ist verlorengegangen. Es bildet sich auch kein neues Verhältnis heraus. Die gegenseitige Verwunderung wechselt in gegenseitige Unzufriedenheit, dann in Feindseligkeit. Die Familie ist zerbrochen.

Der Ehemann ist Kommunist. Er lebt ein tätiges Leben, nimmt an gesellschaftlicher Arbeit teil, sein Bewusstsein wächst, sein persönliches Leben ist absorbiert durch seine Arbeit.

Aber seine Frau ist auch Kommunistin. Sie will an gesellschaftlicher Tätigkeit teilnehmen, öffentliche Versammlungen besuchen, im Sowjet oder der Gewerkschaft arbeiten. Häusliches Leben hört auf zu bestehen, bevor sie es eigentlich gewahr werden, oder das Vermissen der häuslichen Atmosphäre endet in ständigen Reibereien. Mann und Frau verstehen sich nicht mehr. Die Familie ist zerbrochen.

Der Ehemann ist Kommunist, die Frau nicht. Der Ehemann ist absorbiert durch seine Arbeit; die Frau kümmert sich wie zuvor nur um das Heim. Die Beziehungen sind „friedlich", tatsächlich jedoch beruhen sie auf gewöhnlicher Entfremdung. Aber das Komitee des Ehemannes – die Kommunistische Zelle – verlangt, dass er die Ikonen in seiner Wohnung entfernen soll. Er ist bereit zu folgen, findet es ganz natürlich. Für seine Frau ist es jedoch eine Katastrophe. Gerade so ein kleines Vorkommnis zeigt die ganze Breite des Abgrundes, der das Bewusstsein des Mannes von dem seiner Frau trennt. Die Beziehungen sind zerstört. Die Familie ist zerbrochen.

Eine alte Familie. Zehn, fünfzehn Jahre gemeinsames Leben. Der Ehemann ist ein guter Arbeiter, seiner Familie verpflichtet; seine Frau lebt auch für ihr Heim, investiert dort alle Energie. Aber durch Zufall kommt sie in Kontakt mit einer kommunistischen Frauenorganisation. Vor ihren Augen öffnet sich eine neue Welt. Ihre Energie findet ein neues und weiteres Betätigungsfeld. Die Familie wird vernachlässigt. Der Ehemann ist irritiert, gereizt, wütend. Die Frau ist in ihrem neu erwachten Bewusstsein verletzt. Die Familie ist zerbrochen.

Beispiele solcher häuslicher Tragödien, die alle zum gleichen Ergebnis führen, dem Auseinanderbrechen der Familie, können endlos aufgeführt werden. Wir haben nur die typischsten Fälle gezeigt. In all unseren Beispielen lässt sich die Tragödie auf eine Kollision zwischen kommunistischen und nichtparteigebundenen Elementen zurückführen. Aber der Zerfall der Familie, genauer, des alten Familientyps, ist nicht auf die Spitze der Klasse beschränkt, die am stärksten dem Einfluss der neuen Bedingungen ausgesetzt ist. Die auflösende Bewegung in den Familienbeziehungen dringt tiefer ein. Die kommunistische Vorhut durchläuft nur früher und stärker, was früher oder später für die ganze Klasse unvermeidlich ist. Die prüfende Haltung gegenüber alten Verhältnissen, die neuen Forderungen an die Familie überschreiten weit die Grenzlinie zwischen Vorhut und der gesamten ArbeiterInnenklasse. Die Einrichtung der Zivilehe war schon ein starker Schlag gegen die traditionelle geweihte Familie, die zum großen Teil durch Äußerlichkeiten zusammengehalten wurde.

Je weniger persönliche Bindung in den alten Ehebeziehungen lag, desto größer war die bindende Kraft äußerer Kräfte, sozialer Traditionen und besonders religiöser Riten. Der Schlag gegen die Macht der Kirche war auch ein Schlag gegen die Familie. Obwohl sie ihrer bindenden Kraft und der öffentlichen Anerkennung beraubt sind, bleiben die Riten noch in Gebrauch durch Trägheit und dienen als eine der Stützen für die wankende Familie. Aber wenn es kein inneres Band in der Familie gibt, wenn nichts als Trägheit die Familie vor dem Zusammenbruch bewahrt, dann ist wahrscheinlich, dass jeder Stoß von außen die Familie in Stücke zerbrechen wird, während es zur gleichen Zeit ein Schlag gegen das Befolgen von Kirchenriten ist. Und Stöße von außen sind in Zukunft unendlich wahrscheinlicher als zuvor. Das ist der Grund, weshalb die Familie in Auflösung begriffen ist und sich nicht wieder erholt und dann wieder taumelt. Das Leben sitzt über seine Bedingungen zu Gericht und tut dies, indem es grausam und schmerzhaft die Familie verurteilt. Die Geschichte fällt den alten Wald und die Späne fliegen im Wind.

Aber bringt das Leben Elemente eines neuen Familientyps hervor? Zweifellos. Wir müssen nur die Natur dieser Elemente klar begreifen und den Prozess ihrer Bildung. Wie in anderen Fällen auch müssen wir die physischen Bedingungen von den psychologischen trennen, das allgemeine von dem Individuellen. Psychologisch bedeutet die Herausbildung der neuen Familie, von neuen menschlichen Beziehungen im allgemeinen für uns den Fortschritt in der Kultur der ArbeiterInnenklasse, die Entwicklung des Individuums, die Erhöhung seines Standards seiner Bedürfnisse und inneren Disziplin. Aus diesem Blickwinkel bedeutete die Revolution natürlich einen riesigen Schritt nach vorn, und die schlimmsten Erscheinungen der desintegrierenden Familie bezeichnen so nur einen Ausdruck, wenn auch in seiner Form sehr schmerzhaft, des Erwachens der Klasse und des Individuums in der Klasse. All unsere Arbeit in Bezug auf die Kultur, die Arbeit, die wir machen, und die Arbeit, die wir machen sollten, wird so, von diesem Blickpunkt aus betrachtet, eine Vorbereitung für neue Beziehungen und eine neue Familie. Ohne Hebung des kulturellen Standards des einzelnen Arbeiters und der einzelnen Arbeiterin gibt es keine neuen Familien höheren Typs, denn in dieser Domäne können wir nur von innerer Disziplin und nicht von äußerem Zwang sprechen. Die Stärke dieser inneren Disziplin des Individuums in der Familie ist durch den Tenor des inneren Lebens (?!), die Blickweite und die Werte der Bindungen, die Mann und Frau vereinen, bedingt.

Die physischen Vorbereitungen für die Bedingungen des neuen Lebens und der neuen Familie wiederum können nicht grundsätzlich von der allgemeinen Arbeit des sozialistischen Aufbaus getrennt werden. Der ArbeiterInnenstaat muss reicher werden, um in der Lage zu sein, ernsthaft die öffentliche Erziehung der Kinder und die Entlastung der Familie von der Last der Küche und der Wäscherei anzupacken. Vergesellschaftung der familiären Haushaltung und öffentliche Erziehung der Kinder ist undenkbar ohne einen merklichen Fortschritt in unserer Wirtschaft als ganzer.

Wir brauchen mehr sozialistische Wirtschaftsformen. Nur unter diesen Bedingungen können wir die Familie von Funktionen und Aufgaben befreien, die sie heute belasten und desintegrieren. Das Waschen muss in einer öffentlichen Wäscherei geschehen, die Versorgung mit Essen in einem öffentlichen Restaurant, Nähen durch öffentliche Einrichtungen. Die Kinder müssen durch gute öffentliche Lehrer erzogen werden, die eine echte Berufung für diese Arbeit spüren. Dann wird das Band zwischen Mann und Frau von allen äußeren und zufälligen Dingen befreit und der eine würde aufhören, das Leben des anderen völlig für sich in Anspruch zu nehmen. Echte Gleichberechtigung würde schließlich erreicht.Das Band würde auf gegenseitiger Anziehung beruhen. Und in dieser Hinsicht wird sie innere Stabilität erreichen, natürlich nicht dieselbe für alle, aber als Zwang für keinen.

So ist der Weg der neuen Familie ein doppelter: a) die Hebung des Standards der Kultur und Erziehung der ArbeiterInnenklasse und der Klassenindividuen; b) eine Verbesserung der materiellen Verhältnisse der Klasse durch den Staat. Beide Prozesse sind eng miteinander verbunden.

Natürlich implizieren die eben gemachten Feststellungen nicht, dass zu einem gegebenen Moment der materiellen Besserstellung die Familie der Zukunft sofort vollständig entstehen wird. Es ist wahr, dass der Staat heute weder die Erziehung der Kinder noch die Einrichtung von öffentlichen Küchen leisten kann, die eine Verbesserung der Familienküche sein würde, und auch nicht die Schaffung von öffentlichen Wäschereien, wo die Kleider nicht zerrissen oder gestohlen würden. Aber dies heißt nicht, dass die initiativfreudigeren und fortschrittlicheren Familien sich nicht zusammentun könnten zu gemeinsamen Haushaltungen. Experimente dieser Art müssen natürlich gemacht werden; die technischen Einrichtungen der kollektiven Einheit müssen auf die Interessen und Erfordernisse der Gruppen selbst abgestimmt sein und sollten handfeste Fortschritte für jedes Mitglied mit sich bringen, auch wenn sie zunächst noch klein sein sollten.

„Diese Aufgaben", schrieb vor kurzem Genosse Semaschko über die Notwendigkeit der Umgruppierung unseres Familienlebens, „wird am besten in der Praxis durchgeführt; Verordnungen und Moralisieren allein werden wenig Wirkung haben. Aber ein Beispiel, eine Illustrierung einer neuen Form werden mehr erreichen als tausende hervorragender Broschüren. Diese Propaganda der Praxis wird am besten mit den Methoden durchgeführt, die die Chirurgen in ihrem Bereich Transplantation nennen. Wenn eine große Oberfläche entweder als Ergebnis einer Verwundung oder Verbrennung ohne Haut ist und keine Hoffnung besteht, dass genügend Haut nachwächst, um sie zu bedecken, werden Hautstücke von gesunden Körperteilen abgetrennt und stückchenweise auf die bloße Oberfläche aufgetragen; diese Stücke verwachsen und werden größer, bis die gesamte Oberfläche mit Haut bedeckt ist.

Dasselbe geht bei praktischer Propaganda vor sich. Wenn eine Fabrik oder ein Werk kommunistische Formen übernimmt, werden andere Fabriken folgen."[2]

Die Erfahrungen solcher Familienhaushaltskollektive, die die erste, noch sehr unvollkommene Annäherung an einen kommunistischen

---

2   N. Semaschko: Das Tote lastet auf dem Lebenden, Iswestija Nr. 81, 14. April 1923

Lebensstil darstellen, sollten sorgfältig studiert werden und ihnen große Beachtung gegeben werden. Die Kombination von Privatinitiative und staatlicher Hilfe, vor allem zwischen den lokalen Sowjets und den ökonomischen Einheiten,sollten Vorrang besitzen. Der Bau von neuen Häusern - und wir werden neue Häuser bauen! – sollte bestimmt sein durch die Erfordernisse der Familiengruppenkommunen. Der erste sichtbare und unzweifelhafte Fortschritt in dieser Richtung, wie klein und begrenzt er auch sein mag, wird unweigerlich auch in weiter entfernten Gruppen den Wunsch wecken, ihr Leben ähnlich zu organisieren. Für ein ausgeklügeltes Schema, das von oben initiiert ist, ist die Zeit noch nicht reif, sowohl was die materiellen Möglichkeiten des Staats als auch die Vorbereitung des Proletariats selbst angeht. Wir können die gegenwärtigen Schwierigkeiten nur durch die Bildung von Modellkommunen umgehen. Der Boden unter unseren Füßen kann Schritt für Schritt verstärkt werden; es darf kein zu weites Vorauseilen oder Verfallen auf bürokratische phantastische Experimente geben. Zur gegebenen Zeit wird der Staat mit Hilfe der örtlichen Sowjets, kooperativer Einheiten und so weiter in der Lage sein, die getane Arbeit zu vergesellschaften, sie zu erweitern und vertiefen. Auf diese Art wird die menschliche Familie, mit den Worten von Engels „aus dem Reich der Notwendigkeit ins Reich der Freiheit springen.“

Trotzkis Botschaft an eine Versammlung von Arbeiterinnen in Moskau wurde am 28. November 1923 in der Prawda abgedruckt. Sie wurde ins Englische übersetzt von George Saunders und am 30. März in der Intercontinental Press veröffentlicht.

Ein Brief an eine Versammlung von Arbeiterinnen in Moskau

Es tut mir außerordentlich Leid, dass eine hartnäckige Erkältung mich daran hindert, an Eurer Versammlung, die die fünfjährige korrekte und intensive Arbeit, der Partei unter den Frauen feiert, teilzunehmen. So sende ich schriftliche Grüße an die Teilnehmerinnen der Veranstaltung – und durch sie – an die Arbeiterinnen und Bauernfrauen, die bereits durch die Parteiarbeit überzeugt wurden, und an die, die es morgen sein werden.

Das Problem der Frauenemanzipation – sowohl materiell als auch geistig – ist eng verbunden mit dem der Umwandlung des Familienlebens. Es ist nötig, die Barrieren der engen und erstickenden Käfige, in denen die bestehende Familienstruktur die Frau gefangenhält und sie so zur Sklavin, oder gar zu einem Lasttier, macht, zu beseitigen. Das kann nur geleistet werden durch die Organisierung gemeinschaftlicher Ernährung und Kindererziehung.

Der Weg dahin ist lang: Materielle Mittel sind nötig; ebenso Willensstärke, Wissen und Einsatz.

Es gibt zwei Möglichkeiten zur Umgestaltung des alltäglichen Familienlebens: von oben und von unten. „Von unten", das heißt die Fähigkeiten und Anstrengungen der einzelnen Familien zusammenfassen, indem größere Familien mit gemeinsamen Küchen, Wäschereien etc. gegründet werden. „Von oben" meint die Initiativen des Staates oder der lokalen Sowjets, die darin bestehen, dass Arbeiterwohngemeinschaften, gemeinschaftliche Lokale, Wäschereien, Kindergärten und so weiter gebaut werden. In einem Arbeiter- und Bauernstaat steht das eine dem anderen nicht entgegen; das eine muss das andere ergänzen. Die Anstrengung des Staates wäre wertlos ohne die eigenständige Mithilfe der Arbeiterfamilien selbst beim Aufbau eines neuen Lebens; aber auch der Einsatz größter Energien einzelner Arbeiterfamilien wäre ohne die Führung und Hilfe der lokalen Sowjets und des Staates ebenso erfolglos. Die Arbeit muss gleichzeitig von oben und unten vorangetrieben werden.

Ein Hindernis bei dieser Aufgabe – und auch bei anderen – ist der Mangel an materiellen Mitteln. Aber das bedeutet nur, dass der Erfolg sich nicht so schnell, wie wir es wünschen, einstellt. Es wäre jedoch absolut unzulässig, würden wir aufgrund der Armut das Problem der neuen Lebensgestaltung beiseite schieben.

Trägheit und blinde Gewohnheit sind leider noch sehr mächtig. Und nirgendwo hat blinde, dumpfe Gewohnheit noch solch starken Einfluss wie in dem düsteren, abgeschlossenen Leben innerhalb der Familie. Und wer hat als erste die Pflicht, gegen die unzivilisierten Familienbräuche zu kämpfen, wenn nicht die Revolutionärin? Damit ist nicht gesagt, dass all die fortschrittlichen Arbeiter der Verantwortung enthoben sind, an der Umgestaltung der wirtschaftlichen Struktur des Familienlebens, vor allem der Ernährung und der Kindererziehung, aktiv mitzuwirken. Aber die, die am energischsten und beharrlichsten für das Neue kämpfen, sind die, die am meisten unter dem Alten leiden. Und unter den bestehenden Familienverhältnissen leidet die Frau und Mutter am meisten.

Darum sollte die proletarische Kommunistin – und, ihr nachfolgend, jede bewusst gewordene Frau – einen Großteil ihrer Kraft und Aufmerksamkeit der Umgestaltung des alltäglichen Lebens widmen. Gerade weil unsere ökonomische und kulturelle Rückständigkeit viele Probleme schafft und wir nur langsam vorwärts gehen können, ist es nötig, dass durch die öffentliche Meinung aller Arbeiterinnen Druck ausgeübt wird, dass alles, was zur Zeit in unseren Kräften steht, auch wirklich getan wird.

Nur so können wir den rückständigsten und unbewusstesten Arbeiterfrauen und auch den Bauernfrauen den Weg zum Sozialismus zeigen.

Ich wünsche Euch Erfolg in Eurer Arbeit.

Mit kommunistischen Grüßen
L. Trotzki

Trotzki sprach vor der Dritten All-Unions Konferenz zum Schutz der Mütter und Kinder am 7. Dezember 1925. Die Rede wurde sowohl in der Prawda wie auch in der Iswestija vom 17. Dezember 1925 veröffentlicht.

Der Schutz der Mutterschaft und der Kampf für Kultur

Genossen, eure Konferenz über den Schutz der Mütter und Kinder ist wertvoll, weil sie durch den Inhalt ihrer Aktivitäten zeigt, dass Arbeit auf dem Gebiet des Aufbaus der neuen sozialistischen Kultur von Angelpunkten aus geleistet wird, gleichzeitig und in einer parallelen Weise. Erst gestern hatte ich die Gelegenheit, mich mit den der Konferenz in Broschürenform vorgelegten Thesen zu beschäftigen – obwohl ich nicht Zeit genug hatte, sie gründlich durchzugehen. Und was einem, der mehr oder weniger vom Rande her beobachtet (obwohl letztlich keiner das Recht hat, eurer Arbeit aus dem Weg zu gehen), an den Thesen am meisten auffällt, ist die Tatsache, dass eure Arbeit außerordentliche Korrektheit und Tiefe erlangt hat; von den dunklen Problem, die wir in den Jahren 1918 bis 1919 feststellten, sind wir schon dazu übergegangen, korrekt nachzudenken und praktisch diese Probleme auf der Basis unserer gemeinsamen Erfahrungen auszuarbeiten, ohne die notwendigen Perspektiven zu verlieren und ohne in Haarspalterei zu verfallen. Und dies ist eine große Errungenschaft von uns in allen Gebieten unserer Arbeit und wir voll und zusammengefasst in den Thesen über den Schutz der Mütter und Kinder ausgedrückt.

GenossInnen, was die meiste Aufmerksamkeit auf sich zog (wenigstens meine – und ich denke, dies könnte auf jeden Leser der Thesen zutreffen) – was die meiste Aufmerksamkeit auf sich zog, war die Tafel, die in den These der Genossin Lebedeva über die Kindersterblichkeit aufgenommen war. Sie verblüffte mich. Ihr habt diese Frage hier wahrscheinlich schon konkreter diskutiert, aber auf die Gefahr hin zu wiederholen, muss ich noch bei diesem Punkt verweilen. Wir haben hier eine Tabelle, die die Sterblichkeit der Kinder bis zum ersten Lebensjahr für 1913 und 1923 vergleicht. Ist diese Tabelle wahr? Das ist die erste Frage, die ich mir stelle und die ich anderen stelle. Ist sie wahr? In jedem Fall wird sie öffentlicher Überprüfung ausgesetzt sein. Ich denke, sie sollte aus den Thesen, die nur euch SpezialistInnen auf diesem Gebiet erreichbar sind, herausgenommen werden und zur Waffe unserer Presse – der der Sowjets und der Partei – gemacht werden. Sie muss statistischer Klärung und Überprüfung unterworfen werden, und falls sie wahr ist, dann sollte sie als eine sehr wertvolle Errungenschaft im Bestand unserer sozialistischen Kultur berichtet werden.

Es scheint nach dieser Tabelle, dass im Jahr 1913, als Russland beträchtlich reicher war als wir jetzt – ja, Russland als ein Staat, als eine Nation, oder als eine Ansammlung von Nationen, war beträchtlich reicher als wir es jetzt sind (wir nähern uns dem Jahr 1913 in der Produktion an, aber noch nicht in der Akkumulation, und selbst wenn wir voll den Stand der industriellen und landwirtschaftlichen Produktion von 1913 erreicht haben, wird es noch eine lange Zeit sein, bevor wir die Akkumulation von nationalem Reichtum haben, den es 1913 gab) – trotzdem, es stellt sich heraus, dass 1913 die Sterblichkeit der Kinder bis zu einem Jahr in der Vladimir-Provinz 29 Prozent betrug; heute ist sie 17,5 Prozent. Und für die Moskauer Provinz war sie fast 28 Prozent, heute ist sie ungefähr 14 Prozent.

Ist das wahr oder nicht wahr? (Stimme: wahr!) Ich möchte das nicht zu bezweifeln wagen. Ich sage nur: Ihr wisst es; das ganze Land sollte es erfahren. Der Gegensatz zwischen diesen Zahlen muss sorgfältig vor allen Augen aufgezeigt werden. Es ist überraschend – so ein Fall in der Sterblichkeitsrate mit solch einem niedrigen Stand der Produktivkräfte und der Akkumulation im Land. Wenn dies eine Tatsache ist, dann ist es die unbezweifelbarste Großtat unserer neuen Kultur des Alltagslebens und vor allem eurer Anstrengung als eine Organisation. Wenn dies eine Tatsache ist, dann sollte sie nicht nur innerhalb der Union bekanntgegeben werden, sondern auch auf der Weltebene. Und wenn nach einer Überprüfung diese Tatsache unbezweifelbar wird für die gesamte öffentliche Meinung, dann müsst ihr feierlich erklären, dass von nun an wir aufhören werden, Vergleiche mit dem Vorkriegsstand anzustellen. Die Tabelle zeigt, dass in der Moskauer Provinz nur halb so viele Kinder bis zu einem Lebensjahr sterben wie vor dem Krieg. Aber unsere kulturellen und alltäglichen Bedingungen vor dem Krieg waren Bedingungen von Herrschaft und Knechtschaft, das heißt die verachtenswertesten Bedingungen, die erschreckendsten Bedingungen. Der Erfolg im Vergleich zu diesen Bedingungen ist sehr befriedigend, aber Vorkriegsbedingungen können nicht länger unser Kriterium sein. Wir haben andere Kriterien zu suchen, und im Augenblick müssen wir dieses Kriterium noch in der zivilisierten kapitalistischen Welt suchen – in welcher Anzahl sterben Kinder im kapitalistischen Deutschland, Frankreich, England und Amerika?

Und hier findet sich eine vollständige Parallele der Methoden und eine Ähnlichkeit des Herangehens an die Frage wieder – in eurer Arbeit von jedem. Wenn ihr die Arbeit unserer Industrie und unserer Landwirtschaft verfolgt, können dieselben Prozesse beobachtet werden: Bis gestern, bis heute arbeiteten wir und arbeiten wir mit dem Blick auf den Vorkriegsstand.

Wir sagen: Unsere Industrie erreichte im vergangenen Jahr 75 Prozent des Vorjahresstandes; diese Jahr beginnend mit dem 1. Oktober, wird sie, sagen wir mal 95 Prozent erreichen, und wenn die Dinge gut gehen, sogar die vollen 100 Prozent. Aber in Wirklichkeit hören wir auf, unseren Erfolg mit dem Vorkriegsstand zu vergleichen. Wir dürfen nicht zu einem Vorkriegsstand kommen, der Teil der Geschichte unserer Barbarei ist, sondern wir haben den Druck – ökonomisch, militärisch und kulturell – auszugleichen, der auf uns vom Ausland her lastet. Die kapitalistischen Feinde sind gebildeter als wir, mächtiger als wir; ihre Industrie ist unserer überlegen, und es ist möglich, dass trotz der kapitalistischen Struktur, die dort vorherrscht, die Kindersterblichkeit in einigen von ihnen noch niedriger ist als hier. Es scheint mir deshalb, dass diese Tabelle ein Grenzstein werden sollte, der einen Wendepunkt in eurer Arbeit markiert. Indem wir diese Tabelle überprüfen, indem wir sie dem allgemeinen Bewusstsein einprägen, sagen wir: Vom jetzt an werden wir nicht mit dem Vorkriegsstand vergleichen, sondern mit den Staaten mit dem höchsten kulturellen Stand.

Das Schicksal von Mutter und Kind, schematisch gesprochen, dass heißt, in den Grundzügen, hängt an erster Stelle von der Entwicklung der Produktivkräfte einer gegebenen Gesellschaft ab, von der Größe ihres Reichtums, und zweitens von der Verteilung dieses Reichtums unter die Mitglieder dieser Gesellschaft, dass heißt von der gesellschaftlichen Struktur. Dieser Staat kann seinen Strukturen nach kapitalistisch sein dass heißt auf einer geringeren gesellschaftlichen Stufe als der sozialistische, aber trotzdem reicher. Das ist genau der Fall, den die Geschichte uns zeigt: Die führenden kapitalistischen Länder sind unvergleichlich reicher als wir, aber das System der Verteilung und Konsumption dieses Reichtums gehört zu der vorhergehenden Periode der Geschichte, dass heißt zum Kapitalismus. Unsere gesellschaftliche Struktur muss durch die Möglichkeiten, die in ihr enthalten sind, für sich unvergleichlich höhere Kriterien, Modelle; Ziele und Aufgaben suchen, als sie der Kapitalismus hat. Aber da der Kapitalismus unvergleichlich reicher an Produktivkräften ist als wir, müssen wir als unsere unmittelbare Aufgabe nehmen, ihn einzuholen, so dass wir ihn später überholen. Das heißt, dass, nachdem wir eine Barriere überwunden haben – den Vorkriegsstand – wir uns eine zweite Aufgabe stellen müssen – so schnell wie möglich mit den fortgeschrittenen Ländern gleichkommen, wo die Frage der Mütter und Kinder der Ausgebeuteten die Aufmerksamkeit der Bourgeoisie auf sich, die von ihren Klasseninteressen bestimmt wird.

Es könnte gesagt werden, dass, wenn die Lage der Mutter und des Kindes an erster Stelle von der Entwicklung der Produktivkräfte, von dem allgemeinen Stand der Ökonomie eines gegebenen Landes abhängt, welche Bedeutung hat dann die Arbeit eurer besonderen Organisation? Ich stelle diese Frage rhetorisch. Jede soziale Struktur, eine sozialistische miteingeschlossen, kann sich mit dem Phänomen konfrontiert sehen, dass die materiellen Möglichkeiten für eine gegebene Verbesserung und Änderung des Lebens gegenwärtig vorhanden sind, aber Faulheit, träge Denkgewohnheiten, sklavische Traditionen, konservative Dummheit können selbst in der sozialistischen Struktur angetroffen werden als ein Relikt aus der Vergangenheit, als Fehlen von Initiative und Kühnheit in der Zerstörung alter Lebensformen. Und die Aufgabe unserer Partei und der von ihr geführten gesellschaftlichen Organisationen, wie eurer, besteht darin, Sitten, Alltagsgewohnheiten und die Psychologie vorwärts zu bringen und zu verhindern, dass die Bedingungen des täglichen Lebens hinter die sozioökonomischen Möglichkeiten zurückfallen.

Was die Technologie anbelangt, existiert eine Herausforderung: Der Druck vom Westen. Wir sind jetzt auf dem europäischen Markt; wir kaufen und verkaufen. Als Geschäftsleute sind wir, dass heißt der Staat, daran interessiert, teuer zu verkaufen und billig zu kaufen, aber um gut zu kaufen und zu verkaufen muss man billig produzieren, muss man eine gute Technologie, einen hohen Stand der Organisation der Produktion haben. Das heißt, um auf den Weltmarkt zu kommen, haben wir uns unter das Joch der amerikanischen Technologie begeben. Hier, ob wir es wollen oder nicht, müssen wir vorwärts gehen. All die Probleme unserer sozialen Struktur, und das heißt auch das Schicksal der Mütter und Kinder, hängt von Erfolg ab, wieweit wir diesen weltweiten Wettbewerb gewachsen sind. Dass wir mit der Bourgeoisie in unserem Land abgerechnet haben, dass auf der Basis der NEP unsere staatliche Industrie floriert und sich entwickelt, dass es keine Gefahr gibt, dass die Privatkapitalisten die Staatsindustrie auf dem Markt schlagen – unbezweifelbare Zahlen bestätigen das – ist jetzt allen klar. Aber sobald wir auf dem Internationalen Markt sind, ist der Konkurrent stärker, mächtiger, gebildeter. Hier haben wir einen neuen Standard auf dem ökonomischen Gebiet – die europäische und amerikanische Technologie – einzuholen, um sie später zu überholen.

Gestern haben wir eine Elektrizitätsstation 130 Kilometer von Moskau entfernt eröffnet – die Schatura-Station. Dies ist eine große technische Errungenschaft. Die Schatura-Station ist auf Torf, auf einem Sumpf gebaut es gibt eine beträchtliche Anzahl von Sümpfen in unserem Land, und wenn wir lernen, die latente Energie unsrer Sümpfe in die bewegende Energie der Elektrizität zu verwandeln, wird dies eine wohltuende Auswirkung sowohl auf die Mütter wie auch auf die Kinder haben. (Applaus). Die Feier zu Ehren der Erbauer dieser Station gab uns zur selben Zeit ein klares Bild von unserer ganzen Kultur mit all ihren Widersprüchen. Wir brachen von Moskau aus auf. Was ist Moskau? Delegierte, die zum ersten Mal in Moskau sind, können sehen, dass Moskau das Zentrum unserer Sowjetunion ist, ein Weltzentrum der Ideen, die die ArbeiterInnenklasse führen. Schatura (etwas mehr als 100 Werst von Moskau) ist eine große technische Errungenschaft; es ist in der Größe und in der Konstruktion die einzige Torf-Station auf der Welt.

Zwischen Schatura und Moskau schauten wir aus den Fenstern des Zuges. Wald, schlummernd und unpassierbar, wie er im siebzehnten Jahrhundert war. Und Dörfer, hier und da verstreut, fast dieselben wie im siebzehnten Jahrhundert. Natürlich hat die Revolution die Kultur in diesen Dörfern gehoben, besonders bei Moskau, aber wie viele Zeichen des Mittelalters, der erschreckenden Rückständigkeit, vor allem in der Frage der Mütter und Kinder gibt es noch.

Ja, ihr habt große Siege zum ersten Mal in den Dörfern gewonnen, für die jeder bewusste Bürger unserer Union euch beglückwünschen kann. Aber eure Thesen verbergen auf keinen Fall, wieviel jahrhundertealte Dunkelheit es noch in jedem Dorf gibt – sogar auf der Strecke zwischen Moskau und Schatura. Die Dörfer müssen dazu gebracht werden, Moskau und Schatura einzuholen, denn Schatura ist technisch fortgeschritten. Hier können wir uns wieder der Worte V.I. Lenins erinnern, dass der Sozialismus Sowjetmacht plus Elektrifizierung ist.

Das Leben weiterzubringen, so dass es nicht hinter der technischen Entwicklung hinterherhinkt, ist eine sehr wichtige Aufgabe für euch, denn das tägliche Leben ist gefährlich konservativ, unvergleichlich konservativer als die Technologie. Für die Bäuerin und den Bauern, die Arbeiterin und den Arbeiter gibt es keine Modelle aus erster Hand des Neuen, die sie durch die Kraft des Beispiels anziehen würde, und es gibt keine zwingende Notwendigkeit für sie, solchen Modellen zu folgen. Was die Technologie betrifft, sagt Amerika zu uns: „Baut Schatura, oder wir werden euren Sozialismus vernichten, mit Knochen und allem, und keine Spur hinterlassen". Aber das Alltagsleben scheint von einer Wand geschützt worden zu sein; es spürt diese Schläge nicht direkt, und deshalb ist hier die Initiative der Sozialarbeit besonders nötig.

Ich habe schon erwähnt, dass ich aus den Thesen herausgefunden habe, was für ein großer Beginn von euch in der Durchdringung des Landes gemacht worden ist. Hier in den Thesen von E. A. Feder gibt es ein Anzeichen nicht nur des kolossalen Bedürfnisses für Kindergärten, sondern auch der enormen Antwort aus der Bauernschaft, dass heißt, ein bewusstes Streben, diese Kindergärten auf dem Land zu haben. Aber vor nicht langer Zeit – 1918 bis 1919 – gab es großes Misstrauen gegen sie sogar in den Städten. Auch dies ist ohne Zweifel ein großer Sieg, wenn die neue gesellschaftliche Ordnung schon die Bauernfamilie in dieser Frage erreicht hat. Denn auch die Bauernfamilie wird langsam umgestaltet. Ich würde mich gern länger darüber auslassen, denn sogar hier können in der Presse Stimmen gehört werden, die vorschlagen, dass wir in Fragen der Familie die schlimmsten bäuerlichen Vorurteile nachahmen sollten, und dass dies aus der

„Smytschka" folgt. In der Tat besteht unsere Aufgabe, auszugehen von dem, was in den Dörfern existiert – und es existieren Rückständigkeit und Vorurteile und Dunkelheit, die nicht mit einem Federstrich ausgeräumt werden können – um die „Smytschka" zu finden, um den Ausgangspunkt zu finden, an den wir anknüpfen können und von dem aus wir die Bauernfamilie geschickt vorwärts auf den Weg zu den ersten Stadien des Sozialismus stoßen zu können, aber bestimmt nicht, um die existierenden Konzeptionen und Traditionen passiv nachzuahmen, die auf Sklaverei aufgebaut sind.

Was ist unsere alte Kultur im Bereich der Familie und des täglichen Lebens? Adel, der – auf der Grundlage von Finsternis und fehlender Kultur – allem gesellschaftlichen Leben den Stempel der Vulgarität aufprägte. Und wenn unser Proletariat, das aus der Bauernschaft entstand, in einem einzigen Sprung von etwa 30 bis 50 Jahren das europäische Proletariat einholte und dann auf dem Feld des Klassenkampfes und der revolutionären Politik überholte, dann gibt es noch, auch in dem Proletariat, mehr als genug von den verfaulten alten Überbleibseln der Knechtschaft auf dem Gebiet der persönlichen Moral, der Familie und des Alltagslebens. Und in der intellektuellen oder in der kleinbürgerlichen Familie kann man soviel, wie man will, von der echten gegenwärtigen Knechtschaft finden. Ihr solltet euch nicht die utopische Aufgabe setzen, die alte Familie durch eine Art von rechtlichen Maßnahmen zu überwinden – ihr würdet auf euer Gesicht fallen und euch im Angesicht der Bauernschaft kompromittieren –, sondern handelt innerhalb der materiellen Möglichkeiten, innerhalb der schon gesicherten Bedingungen der gesellschaftlichen Entwicklung, entlang der gesetzlichen Linie, um so die Familie der Zukunft zu führen. Ich beabsichtige nicht, im Augenblick über das beabsichtigte Ehegesetz zu sprechen, das gerade diskutiert wird, und über das ich mir das Recht zu sprechen vorbehalte. Ich nehme an, dass eure Organisation auch den angemessenen Platz im Kampf für ein richtiges Ehegesetz einnehmen wird.

Ich möchte nur ein Argument, das mich bedrückt, erwähnen. Das Argument lautet etwa folgendermaßen: Wie kann man der „unverheirateten" Mutter, dass heißt, der Mutter, die nicht registriert ist, dieselben Rechte geben wie einer „verheirateten" Mutter? Sicher bedeutet das, einer Frau die Art von Beziehungen aufzuzwingen, die sie nicht angenommen haben würde, wenn ihr das Gesetz diese Rechte verweigerte?

GenossInnen, dies ist so monströs, dass es einen wundert: Sind wir wirklich in einer Gesellschaft, die sich in eine sozialistische verwandelt, dass heißt in Moskau oder Schatura, und nicht irgendwo zwischen Moskau oder Schatura, im schlummernden Wald? Hier ist das Verhältnis zur Frau nicht nur nicht kommunistisch, sondern reaktionär und philisterhaft in der schlimmsten Bedeutung dieses Wortes. Wer könnte denken, dass die Rechte der Frau, die die Konsequenzen jeder Heirat zu tragen hat, wie vorübergehend sie auch sei, zu eifrig in unserem Lande geschützt würden? Ich denke, es ist nicht nötig, die ganze Ungeheuerlichkeit dieser Art, die Frage zu stellen, zu demonstrieren. Aber es ist symptomatisch und legt Zeugnis davon ab, dass es in unseren traditionellen Ansichten, Vorstellungen und Gewohnheiten viel gibt, das e wirklich dumm ist und das mit einem Sturmblock zerstört werden muss.

Für Mütter und Kinder zu kämpfen, heißt bei unseren gegenwärtigen Bedingungen, besonders gegen den Alkoholismus zu kämpfen. Ich habe unglücklicherweise hier keine Thesen über den Alkoholismus bemerkt. (Stimme: Es gibt keine.) Entschuldigt mich, ich kam zu spät und kann nicht vorschlagen, dass dieser Punkt auf die Tagesordnung gesetzt wird und, was wichtiger ist, in eure gegenwärtige Arbeit eingefügt wird.

Man kann nicht für eine verbesserte Lage von Mutter und Kind kämpfen, ohne auf breiter Front den Alkoholismus zu bekämpfen. In den Thesen wird ganz richtig gesagt, dass unregelmäßige sexuelle Beziehungen nicht willkürlich durch papierene Bestimmungen beizukommen ist und dass eine einflussreiche gesellschaftliche Meinung gegen häufiges Scheiden nötig ist. Das ist richtig. Aber, GenossInnen, in der Einschätzung sexueller Beziehungen als frivol muss in vielen Fällen gesagt werden: Es gibt keine größere Drohung als solche sexuellen Beziehungen, die unter dem Einfluss des Alkoholismus, der Trunkenheit geformt werden und die sehr oft in einer wenig gebildeten Umgebung auftreten. Es ist eure Organisation, die meiner Meinung nach Initiative übernehmen sollte im Kampf gegen Trunkenheit.

Wenn wir die Frage des Schicksals der Mutter und des Kindes in Eine Reihe Von Fragen aufteilen, und besonders den Kampf gegen Trunkenheit aussuchen, dann werden wir klar erkennen, dass die Hauptform des Kampfes für größere Stabilität und Rationalität in Familienverbindungen und -beziehungen darin besteht, dass Niveau der menschlichen Persönlichkeit zu heben. Abstrakte Propaganda und Predigten werden nichts helfen. Gesetzgebung im Sinne des Schutzes der Mutter in den schwierigsten Perioden ihres Lebens und des Schutzes des Kindes sind Absolut notwendig, und wenn wir bis zum äußersten in der Gesetzgebung gehen, dann wird es natürlich nicht zugunsten des Vaters, sondern zugunsten der Mutter und des Kindes sein, denn die Rechte der Mutter, wie sie auch juristisch festgelegt sein mögen, werden in der Wirklichkeit – durch die Kraft der Moral, Gewohnheiten und durch die Rolle der Mutter selbst – unzulänglich geschützt, bis wir den entwickelten Sozialismus erreichen, und noch weiter bis zum Kommunismus. Es ist deshalb nötig, so viel wie möglich juristische Unterstützung Mutter und Kind zu geben, den Kampf verschiedene Wege entlang zu führen, eingeschlossen gegen Alkoholismus. In der nächsten Zukunft wird dies nicht der kleinste Teil unserer Arbeit sein.

Aber die Hauptaufgabe, ich wiederhole, ist die Hebung der menschlichen Persönlichkeit. Je höher ein Mensch geistig steht, gemessen an der Natur seiner Interessen, desto mehr wird er von sich und seinen Freunden verlangen: Je wechselseitiger die Forderungen sind, desto stärker ist die Verbindung, desto schwieriger ist es, sie zu brechen. Dass heißt, dass die Hauptaufgabe gelöst wird in allen Gebieten unserer sozialen Arbeit durch die Entwicklung der Industrie, der Landwirtschaft, Wohlfahrt, Kultur, Aufklärung. All dies führt nicht zu chaotischen Beziehungen, sondern im Gegenteil zu stabileren, die schließlich keine gesetzliche Regulierung brauchen werden.

Um zur Arbeit auf dem Land zurückzukommen. Ich denke, dass hier die landwirtschaftlichen Kommunen nicht bemerkt werden. (Stimme: Sie werden erwähnt.) Entschuldigt mich, ich habe sie übersehen. Vor kurzem besichtigte ich zwei große landwirtschaftliche Kommunen, eine in der Saporosch-Region in der Ukraine, die andere in der Tersk-Region im nördlichen Kaukasus. Natürlich ist das nicht das „Schatura" unseres Alltagslebens, dass heißt man kann nicht sagen, dass sie für die neue Art zu leben stehe, wie Schatura für die Technologie steht, aber es gibt Spuren hier, besonders, wenn man sie vergleicht mit dem, was alles um sie herum auf dem Land liegt. In der Kommune gibt es Kindertagesstätten als eine reguläre Institution, die auf der gemeinsamen Arbeit beruht, als eine konstituierender Teil der Großfamilie. Es gibt einen Raum für Mädchen und einen für Jungen. In Saporosch, wo ein Künstler Mitglied der Kommune war, sind die Wände der Räume der Kinder mit Malereien geschmückt. Es gibt eine gemeinsame Küche, einen gemeinsamen Speiseraum und eine Bücherei. Dies ist ein großer Schritt vorwärts im Vergleich zu der Bauernfamilie. Eine Frau in der Kommune kann sich wirklich als menschliches Wesen fühlen.

Natürlich, GenossInnen, ich merke, dass erstens dies eine kleine Oase ist und es zweitens noch nicht bewiesen ist, dass diese Oase ihre eigene Ausdehnung verwirklicht, denn die Arbeitsproduktivität in diesen Kommunen ist nicht längst nicht gesichert. Aber allgemein gesprochen, jede gesellschaftliche Form, jede Zelle wird lebensfähig sein, wenn die Arbeitsproduktivität in ihr wächst und nicht auf demselben Stand bleibt oder fällt. Den Sozialismus aufzubauen, das Schicksal von Mutter und Kind zu sichern, ist nur auf der Basis des Wachstums und der Wirtschaft möglich – auf der Basis des Verfalls und der Armut ist es nur möglich, zur mittelalterlichen Barbarei zurückzukehren. Aber die neuen Möglichkeiten haben sich unzweifelhaft bei den landwirtschaftlichen Kommunen gezeigt, und sie sind besonders wertvoll jetzt, wo die Entwicklung der Warenproduktion auf dem Lande im gewissen Grade zu Formen kapitalistischer Schichtung zwischen Kulaken und armen Bauern führt.

Wie viel lieber sind uns alle Formen der Kooperation auf dem Land, alle kollektiven Formen der Lösung ökonomischer, häuslicher, kultureller oder familiärer Probleme. Die Tatsache, dass das Land, wie in den Thesen gesagt wird, für die Kindertagesstätten Unterstützung von den Familien der armen Bauern ausging und auf die Familien der mittleren Bauern überging, ist eine Tatsache von außerordentlicher Bedeutung, wenn wir zusammen damit kleine „Schaturas" der Produktion und des familiären und häuslichen Lebens haben, die die, landwirtschaftliche Kommunen, die, wie mir scheint, in eure besondere Fürsorge aufgenommen werden müssen, vom Standpunkt ihrer Familien und der häuslichen Strukturen und der Stellung der Mütter und Kinder in ihnen.

Ich war sehr interessiert am Verhalten der Bauernschaft gegenüber der Kommune „kommunistischer Leuchtturm". Leuchtturm ist ein sehr bezeichnendes Wort. Ein Leuchtturm ist etwas, was den Weg zeigt, was für alle aus der Ferne scheint. Wir gaben 1918 einer ganzen Anzahl solche Namen, aber bei wie vielen von ihnen stellte sich heraus, dass sie zufällige, unbegründete, manchmal leichtsinnige "Leuchttürme" waren, viele von ihnen sind ausgegangen! Und deshalb war es sehr wichtig, diesen Namen zu untersuchen und zu sehen, in welchem Ausmaße er gerechtfertigt war. Und es muss gesagt werden, dass, obwohl dieser „Leuchtturm" in einer Region scheint, die hauptsächlich aus Kosaken und teilweise aus religiösen Sekten, Baptisten und so weiter besteht – und das sind alles sehr konservative Elemente – die alte Feindschaft zu den Kommunen sich nicht zeigte. Das heißt, sie existiert unzweifelhaft unter den Kulaken, aber da diese Kommune drei Traktoren hat, die unter günstigen Bedingungen der ganze Distrikt genauso benutzt, gewöhnt sie durch diese „Smytschka" sogar die umwohnenden Kosaken an die neuen Formen der Familie und des Hauslebens, und die alte Feindschaft ist verschwunden. Dies ist ein wirklicher Gewinn.

Einige GenossInnen haben mir gesagt, dass in einigen Sowjetkreisen die Auffassung auftaucht, dass die landwirtschaftliche Kommune fehl am Platz sei, ihrer Zeit voraus sein,; dass sie eine Vorwegnahme der Zukunft sei. Das ist nicht wahr. Die Kommune ist eine der Keimzellen der Zukunft. Natürlich wird die Hauptarbeit der Vorbereitung der grundlegenderen Punkten ausgeführt: die Entwicklung der Industrie, die dem Lande die technische Basis für die industrialisierte Landwirtschaft liefert; und eine kooperative Form der Verteilung der ökonomischen Güter, ohne die es unmöglich ist, die mittleren Bauern zum Sozialismus zu führen. Aber zusammen damit gibt es, lebende Modelle der neuen ökonomischen Formen und der neuen Familien und des häuslichen Verhaltens auf dem Lande zu haben, solche Familien"schaturas" zu haben, auch den Morgen von unten vorzubereiten, indem man ein neues Verhalten gegenüber der Frau und dem Kind entwickelt.

Wir MarxistInnen sagen, dass der Wert einer gesellschaftlichen Struktur durch die Entwicklung der Produktivkräfte bestimmt wird. Die ist unbezweifelbar. Aber es ist auch möglich, an das Problem vom anderen Ende heranzukommen. Die Entwicklung der Produktivkräfte wird nicht für ihren eigenen Zweck gebraucht. In der letzten Analyse wird die Entwicklung der Produktivkräfte gebraucht, weil sie die Basis für eine neue menschliche Persönlichkeit schafft, bewusst, ohne einen Herren über sich auf der Erde, ohne imaginären Herren, aus der Furcht geboren, im Himmel zu fürchten – eine menschliche Persönlichkeit, die in sich das beste , was von dem Denken und der Schaffenskraft vergangener Jahrhunderte geschaffen wurde, aufnimmt, die in der Solidarität mit allen anderen voranschreitet, die neue kulturelle Werte, ein neues persönliches und kulturelles Verhalten schafft, höher und vornehmer als jene, die auf der Basis der Klassensklaverei geboren wurden. Die Entwicklung der Produktivkräfte ist wertvoll für uns als die materielle Voraussetzung einer höheren menschlichen Persönlichkeit, nicht in sich zurückgezogen, sondern kooperativ, assoziativ.

Von diesem Standpunkt aus kann gesagt werden dass es wahrscheinlich für viele Jahrzehnte möglich ist, eine menschliche Gesellschaft durch das Verhalten gegenüber der Frau, gegenüber der Mutter und gegenüber dem Kind einzuschätzen – und dies ist nicht nur für die Einschätzung der Gesellschaft, sondern auch für die der einzelnen Personen wahr. Die menschliche Psyche entwickelt sich nicht gleichzeitig in all ihren Teilen. Wir leben in einem politischen Zeitalter, einem revolutionären Zeitalter, in dem Arbeiterinnen und Arbeiter sich selbst im Kampf entwickeln, und sich vor allem auf revolutionärem politischem Wege entwickeln. Und jene Zellen des Bewusstseins, in denen Anschauungen über die Familie und die Traditionen sitzen, und das Verhalten eines Menschen zu einem anderen, zur Frau, zum Kinde und so weiter – diese Zellen bleiben oft in der alten Form. Die Revolution hat sie noch nicht verändert. Die Zellen im Gehirn, in denen politische und gesellschaftliche Anschauungen sitzen, werden in unserer Zeit viele schneller und schärfer bearbeitet, dank der ganzen Struktur der Gesellschaft und dank der Epoche, in der wir leben. (Natürlich ist dies nur eine Analogie – im Gehirn arbeitet der Prozess anders.) Und deshalb werden wir für eine lange Zeit beobachten können, dass wir eine neue Industrie, eine neue Gesellschaft aufbauen, aber auf dem Feld der persönlichen Beziehungen verbleibt noch vieles aus dem Mittelalter. Und deshalb ist eins der Kriterien für die Einschätzung unserer Kultur, und ein Standard für die einzelnen Proletarier und Proletarierinnen, für die fortschrittlichen BäuerInnen, das Verhalten gegenüber der Frau und das Verhalten gegenüber dem Kind.

Vladimir Illjitsch lehrte uns, die ArbeiterInnenparteien nach ihrem Verhalten, im allgemeinen und im besonderen, zu den unterdrückten Nationen, zu den Kolonien einzuschätzen. Warum? Weil, wenn man beispielsweise den/die englischeN ArbeiterIn nimmt, es viel leichter ist, in ihm/r das Gefühl der Solidarität mit seiner/ihrer ganzen Klasse zu wecken – er/sie wird an Streiks teilnehmen und wird sogar zur Revolution kommen - als ihn zur Solidarität mit einem gelbhäutigen chinesischen Kuli zu bringen, als ihn/sie dazu zu bringen, ihn als einen Klassengenossen zu behandeln; das ist schwieriger, denn hier ist es nötig, durch eine Wand von Chauvinismus durchzubrechen, die in Jahrhunderten errichtet wurde.

Und genau so, GenossInnen, ist diese Wand von Familienvorurteilen, im Verhalten des Familienoberhauptes gegenüber der Frau und dem Kind – und die Frau ist der Kuli der Familie –; diese Wand ist über Jahrtausende, nicht Jahrhunderte aufgebaut worden. Und so seid Ihr – müsst Ihr sein – der moralische Rammbock, mit dem diese Wand des Konservativismus, die in unserer alten asiatischen Natur, in der Sklaverei, in der Knechtschaft, in bürgerlichen Vorurteilen und den Vorurteilen selbst der ArbeiterInnen, wurzelt, die aus den schlimmsten Seiten der bäuerlichen Traditionen hervorgekommen sind, durchbrochen wird. Insoweit Ihr diese Wand zerstören werdet, wie ein Rammbock in der Hand der sozialistischen Gesellschaft, die aufgebaut wird, ist jedeR bewusste RevolutionärIn, jedeR KommunistIn, jedeR fortschrittliche Bauer/Bäuerin und ArbeiterIn, verpflichtet, Euch mit aller Kraft zu unterstützen. Ich wünsche Euch großen Erfolg, GenossInnen, und vor allem wünsche ich Euch mehr Aufmerksamkeit unserer öffentlichen Meinung. Eure Arbeit, die wirklich reinigend ist, wirklich gesund ist, muss in das Zentrum der Aufmerksamkeit unserer Presse gestellt werden, so dass sie unterstützt werden kann von allen progressiven Elementen im Land, und Euch kann geholfen werden, Erfolge im Aufbau unseres Lebens und unserer Kultur zu erzielen (Heftiger Applaus).

Dieser Artikel erschien zum ersten Mal im Dezember 1925 in „Za Novyi".

Den Sozialismus aufbauen, heißt die Frauen emanzipieren und die Mütter schützen

Unser Fortschritt kann am genauesten anhand jener praktischen Maßnahmen gemessen werden, die wir zur Verbesserung der Lage von Mutter und Kind durchführen. Dieser Index ist sehr zuverlässig und untrügerisch. Er zeigt gleichermaßen die materiellen Errungenschaften wie die kulturellen Fortschritte im weiteren Sinne auf. Wie uns die historische Erfahrung zeigt, ist selbst das gegen seine Unterdrücker kämpfende Proletariat noch weit davon entfernt, der unterdrückten Stellung der Frau als Hausfrau, Mutter und Ehefrau die notwendige Aufmerksamkeit zu gewähren. So stark ist noch die schreckliche Kraft der Gewöhnung an die Versklavung der Frau in der Familie! Und was die Bauernschaft angeht, so wird über diesen Punkt nicht einmal gesprochen. Das Los der Bauersfrauen, und nicht nur in den armen, sondern sogar in den mittleren Familien, kann mit seiner Last und Hoffnungslosigkeit heutzutage wohl nicht einmal mit der schlimmsten Zuchthausstrafe verglichen werden. Keine Erholung, kein Urlaub, kein Hoffnungsschimmer! Nur allmählich erreicht unsere Revolution die Grundlagen der Familie, und gegenwärtig auch erst in den Städten in Industriegebieten, während sie nur sehr langsam auf das Land vordringt. Und gerade hier sind die Probleme zahllos.

Die Stellung der Frau kann an ihren Wurzeln nur verändert werden, wenn in den gesamten Bedingungen der gesellschaftlichen, familiären und häuslichen Existenz ein Wandel erfolgt. Wie grundlegend die Frage der Mutter ist, kommt in dem Umstand zum Ausdruck, dass sie in ihrem Wesen einen lebenden Punkt darstellt, an dem sich alle entscheidenden Stränge ökonomischer und kultureller Arbeit kreuzen. Vor allem anderen ist die Frage der Mutterschaft eine Frage des Wohnraumes, fließenden Wassers, einer Küche, eines Waschraums, eines Essraums. Aber ebenso sehr geht es hierbei um die Schule, Bücher, einen Platz zur Erholung. In gnadenlosester Form trifft die Trunksucht die

Hausfrau und die Mutter; kaum weniger die Unwissenheit und Arbeitslosigkeit. Fließendes Wasser und Elektrizität in den Wohnungen erleichtern die Last der Frauen vor allem anderen. Die Mutterschaft ist die Kernfrage aller andern Fragen. Hier treffen sich alle Stränge, und von hier weisen sie in alle Richtungen.

Das unzweifelhafte Anwachsen der materiellen Versorgung in unserem Lande ermöglicht es – und erfordert es daher –, uns der Lage von Mutter und Kind unvergleichlich breiter und tiefer als früher zu widmen. Das Maß an Energie, das wir in dieses Feld investieren, wird zeigen, wieweit wir gelernt haben, die entscheidenden Punkte in den Grundfragen unseres Lebens miteinander zu verknüpfen .

Wie wir den Sowjetstaat nicht errichten konnten, ohne die Bauernschaft aus den Fesseln der Leibeigenschaft zu befreien, so werden wir den Sozialismus nicht erreichen, wenn wir nicht die Bauersfrauen und die Arbeiterfrauen aus der Gefangenschaft in der Familie und im Haushalt befreien.

Und wenn wir die Reife eines revolutionären Arbeiters nicht allein aufgrund seiner Haltung gegenüber dem Kapitalisten, sondern ebenfalls anhand seiner Haltung zum Bauern, dass heißt seines Verständnisses für die Notwendigkeit, den Bauern aus der Knechtschaft zu befreien, beurteilt haben, – so können und müssen wir jetzt die sozialistische Reife des Arbeiters und des fortschrittlichen Bauern anhand ihrer Haltung zu Frau und Kind messen, ihres Verständnisses für die Notwendigkeit, die Mutter aus den Fesseln der Gefangenschaft zu befreien, ihr die Möglichkeit zu geben, sich aufzurichten und sich am gesellschaftlichen und kulturellen Leben zu beteiligen, wie es von ihr erwartet wird.

Die Mutterschaft steht im Mittelpunkt aller Probleme. Deshalb müssen alle neuen Maßnahmen, jedes Gesetz, jeder praktische Schritt im ökonomischen und gesellschaftlichen Aufbau auch unter der Fragestellung geprüft werden, wie sie auf die Familie einwirken, ob sie das Los der Mutter verschlimmern oder erleichtern und ob sie die Stellung des Kindes verbessern.

Dass wir noch immer nach allen Seiten hin in den Stricken der alten Gesellschaft gefangen sind, die sich in der Epoche ihres Niedergangs in der bösartigsten Weise noch Geltung verschafft, – dafür ist die große Zahl heimatloser Kinder in unseren Städten das erschreckende Zeugnis. Die Stellung der Mutter und des Kindes war noch nie so schwierig wie in den Jahren des Übergangs von der alten zur neuen Gesellschaft, insbesondere in den Jahren des Bürgerkriegs. Die Intervention der Clemenceau und Churchill und Koltschak, der Denikin und Wrangel und Konsorten traf die Arbeiterfrauen, die Bauersfrauen und die Mütter mit den grausamsten Schlägen und hinterließ uns ein nie dagewesenes Erbe heimatloser Kinder. Das Kind kommt von der Mutter, und die Heimatlosigkeit des Kindes ist vor allem die Folge mütterlicher Heimatlosigkeit. Sorge für die Mutter ist der wahre und grundlegende Weg, um das Los des Kindes zu verbessern. Das allgemeine wirtschaftliche Wachstum schafft die Bedingungen für eine allmähliche Rekonstruktion des familiären und häuslichen Lebens. Alle Fragen, die damit zusammenhängen, müssen in ihrer vollen Bedeutung gestellt werden. Wir arbeiten aus verschiedenen Richtungen auf die Erneuerung des Grundkapitals des Landes hin; wir schaffen neue Maschinen an, um die alten zu ersetzen; wir errichten neue Fabriken; wir erneuern unsere Eisenbahn; der Bauer erhält Pflüge, Sämaschinen, Traktoren. Aber das grundlegende „Kapital" ist das Volk, dass heißt seine Kraft, seine Gesundheit, sein kulturelles Niveau. Dieses Kapital hat eine Erneuerung noch viel eher nötig als die Fabriken oder die landwirtschaftliche Ausrüstung. Wir dürfen nicht glauben, dass die Zeitalter der Sklaverei, des Hungers und der Gefangenschaft, die Jahre des Kriegs und der Epidemien ohne Spuren an den Menschen vorübergegangen seien. Sie haben am lebendigen Organismus des Volkes Wunden und Narben hinterlassen. Tuberkulose, Syphilis, Neurasthemie, Alkoholismus – alle diese Krankheiten und noch viele mehr sind unter den Massen der Bevölkerung weit verbreitet. Die Nation muss davon genesen; sonst ist der Sozialismus undenkbar. Wir müssen an die Wurzeln, die Quellen herankommen. Und worin liegt die Quelle der Nation, wenn nicht in der Mutter? Der Kampf gegen die Vernachlässigung der Mütter muss Vorrang erhalten! Der Bau von Häusern, die Schaffung von Erleichterungen bei der Kinderpflege, von Kindergärten, kommunalen Kantinen und Wäschereien muss in den Mittelpunkt unserer Aufmerksamkeit gestellt werden, und diese Aufmerksamkeit muss wach und gut organisiert sein. Die Frage der Qualität entscheidet hier alles. Erleichterungen bei der Kinderpflege, beim Essen und Waschen müssen in solcher Weise verwirklicht werden, dass sie Kraft der Vorteile, die sie bieten, der alten, abgeschlossenen und isolierten Familieneinheit, die vollständig auf den gekrümmten Schultern der Hausfrau und Mutter lastete, den Todesstoß versetzen können. Die Verbesserung der Umwelt ruft unvermeidlich eine Flut von Bedürfnissen hervor und stellt eine Fülle von Mitteln bereit. Die Versorgung der Kinder in öffentlichen Einrichtungen, ebenso wie das Essen der Erwachsenen in kommunalen Kantinen, ist billiger als in der Familie. Aber die Verlagerung der materiellen Mittel von der Familie zu den Versorgungszentren für Kinder und den Kantinen wird nur dann stattfinden, wenn die gesellschaftliche Organisation es lernt, die vorrangigen Bedürfnisse besser als die Familie zu befriedigen. Besondere Aufmerksamkeit muss jetzt auf die Frage der Qualität gerichtet werden. Aufmerksame gesellschaftliche Kontrolle und ständiger Nachdruck gegenüber allen Organen und Institutionen, die den familiären und häuslichen Bedürfnissen der arbeitenden Masse dienen, sind unbedingt erforderlich.

Die Initiatoren des großen Kampfes für die Befreiung der Mütter müssen selbstverständlich die fortgeschrittenen Arbeiterfrauen sein. Um jede Preis muss sich diese Bewegung dem Dorf zuwenden. Und auch unser städtisches Leben trägt noch viele kleinbürgerliche-bäuerliche Züge. Viele Arbeiter nehmen den Arbeiterfrauen gegenüber noch immer keine sozialistische, sondern eine konservative, bäuerliche, ihrem Wesen nach mittelalterliche Haltung ein. Das führt dazu, dass die bäuerliche Mutter, die durch das Joch der Familie unterdrückt wird, die proletarische Mutter mit sich hinabzieht. Aber die Bauersfrau muss empor gehoben werden. In ihr muss der Wunsch erweckt werden, sich selbst zu erheben, dass heißt sie muss erweckt und ihr muss der Weg gewiesen werden.

Es ist unmöglich voranzuschreiten, während die Frau im Nachtrab zurückbleibt. Die Frau ist die Mutter der Nation. Aus der Versklavung der Frauen erwachsen Vorurteile und Aberglaube, die die Kinder der neuen Generation einhüllen und tief in alle Poren des nationalen Bewusstseins eindringen. Der beste und gründlichste Weg das Kampfes gegen den Aberglauben der Religion ist der Weg allseitiger Sorge für die Mutter. Sie muss empor gehoben und aufgeklärt werden. Die Mutter begreifen heißt: die letzte Nabelschnur kappen, die das Volk

noch immer mit der finsteren und abergläubischen Vergangenheit ver-
bindet.

aus: Verratene Revolution, 1936

Familie, Jugend, Kultur. Der Thermidor in der Familie

Die Oktoberrevolution tat der Frau gegenüber ehrlich ihre Pflicht. Die junge Macht gab ihr nicht nur dieselben politischen und gesetzlichen Rechte wie dem Mann, sondern, was noch wichtiger ist, tat alles was sie konnte und jedenfalls unvergleichlich mehr als irgendein anderer Staat, um ihr wirklich zu allen Zweigen der Wirtschafts- und Kulturarbeit Zutritt zu verschaffen. Jedoch selbst die kühnste Revolution könnte ebenso wenig wie das „allmächtige" britische Parlament die Frau in einen Mann verwandeln oder besser gesagt die Last der Schwangerschaft, des Gebärens, Säugens und der Kindererziehung zu gleichen Teilen zwischen beiden verteilen. Die Revolution machte einen heroischen Versuch, den sogenannten „Familienherd" zu zerstören, dass heißt jene archaische, muffige und starre Einrichtung, in der die Frau der werktätigen Klassen von der Kindheit bis zum Tode wahre Zwangsarbeit leisten muss. An die Stelle der Familie als geschlossenem Kleinbetrieb sollte, so war es gedacht, ein vollendetes System öffentlicher Pflegen und Dienste treten: Entbindungsanstalten, Krippen, Kindergärten, Schulen, öffentliche Speisehäuser, öffentliche Waschanstalten, Kliniken, Krankenhäuser, Sanatorien, Sportvereine, Kinos, Theater und so weiter. Die völlige Aufsaugung der wirtschaftlichen Funktionen der Familie durch Einrichtungen der sozialistischen Gesellschaft, die die gesamte Generation in Solidarität und gegenseitigem Beistand eint, sollte der Frau und dadurch auch dem Ehepaar wirkliche Befreiung aus den tausendjährigen Fesseln bringen. Solange diese Aufgabe der Aufgaben nicht gelöst ist, bleiben 40 Millionen Sowjetfamilien in ihrer erdrückenden Mehrheit Brutstätten einer mittelalterlichen Daseinsweise, weiblicher Knechtschaft und Hysterie, täglicher Demütigung der Kinder, weiblichen und kindlichen Aberglaubens. Keinerlei Illusion kann in dieser Beziehung gestattet sein. Eben darum sind die aufeinandergefolgten Abänderungen an der Einstellung zur Familie in der UdSSR bezeichnend für das Wesen der Sowjetgesellschaft und die Evolution ihrer herrschenden Schicht.

Es ist nicht gelungen, die alte Familie im Sturm zu nehmen. Nicht weil es an gutem Willen gefehlt hätte. Auch nicht weil die Familie so fest in den Herzen wurzelte. Im Gegenteil, nach einer kurzen Periode des Misstrauens zum Staat, zu seinen Krippen, Kindergärten und ähnlichen Anstalten wussten die Arbeiterinnen und nach ihnen auch die fortgeschrittenen Bäuerinnen die unermesslichen Vorzüge der kollektiven Kinderpflege wie der Vergesellschaftung der gesamten Familienwirtschaft wohl zu schätzen. Leider erwies sich die Gesellschaft als zu arm und zu unkultiviert. Den Plänen und Absichten der kommunistischen Partei entsprachen die realen Mittel des Staates nicht. Man kann die Familie nicht „abschaffen", man muss sie ersetzen, Eine wirkliche Befreiung der Frau ist auf dem Fundament der „verallgemeinerten Not" nicht zu verwirklichen. Die Erfahrung veranschaulichte bald diese bittere Wahrheit, die Marx 80 Jahre zuvor formuliert hatte.

In den Hungerjahren ernährten sich die ArbeiterInnen, zum Teil auch ihre Familien, überall wo sie konnten in Fabrik- und anderen Gemeinschaftsrestaurants, und diese Tatsache wurde offiziell als ein Übergang zu sozialistischen Lebensformen betrachtet. Es ist nicht erforderlich, nochmals bei den Besonderheiten der einzelnen Perioden zu verweilen: dem Kriegskommunismus, der NEP, dem ersten Fünfjahresplan. Tatsache ist, dass seit der Abschaffung des Kartensystems im Jahre 1935 alle besser gestellten ArbeiterInnen an den häuslichen Tisch zurückzukehren begannen. Es wäre jedoch falsch, diesen Rückschritt als eine Verurteilung des sozialistischen Systems zu werten, das ja überhaupt noch nicht erprobt worden war. Ein um so vernichtenderes Urteil fällten die Arbeiter und ihre Frauen über die von der Bürokratie organisierte „gesellschaftliche Ernährung". Denselben Schluss muss man auch auf die öffentlichen Waschanstalten ausdehnen, wo die Wäsche mehr gestohlen und verdorben als gewaschen wird. Zurück zum Familienherd! Aber Küche und Wäsche zu Hause, was heute von den RednerInnen und JournalistInnen halb verschämt gepriesen wird, bedeutet für die Arbeiterfrauen ein Zurück an die Töpfe und Tröge, dass heißt zur alten Sklaverei. Die Resolution der Komintern über den „vollständigen und unwiderruflichen Sieg des Sozialismus in der UdSSR" klingt kaum sehr überzeugend für die Hausfrauen der Vorstädte!

Die Bauernfamilie, die nicht nur durch die Haus-, sondern auch durch die Ackerwirtschaft gebunden ist, ist noch viel zäher und konservativer als die der StädterInnen. Nur an Zahl kleine und in der Regel ungesunde landwirtschaftliche Gemeinden führten bei sich in der ersten Periode die Gemeinschaftsernährung und Krippen ein. Die Kollektivierung sollte, wie es anfangs hieß, eine entscheidende Umwälzung auch auf dem Gebiet der Familie bringen: nicht von ungefähr expropriierte man bei den Bauern nicht nur die Kühe, sondern auch die Hühner. An Meldungen über den Triumphzug der Gemeinschaftsernährung auf dem Lande war jedenfalls kein Mangel. Als aber der Rückzug begann, kam unter dem Schaum der Prahlerei sogleich die Wirklichkeit zum Vorschein. Vom Kolchos erhält der Bauer in der Regel nur Brot für sich und Futter fürs Vieh. Fleisch, Milchprodukte und Gemüse werden fast ausschließlich von der eigenen Parzelle bezogen. Wo aber die hauptsächlichen Lebensmittel durch die isolierten Arbeitsleistungen der Familie beschafft werden, kann von Gemeinschaftsernährung nicht die Rede sein. So laden die Zwergwirtschaften, die dem häuslichen Herd eine neue Grundlage geben, der Frau ein doppeltes Joch auf.

Die Zahl der 1932 in den Krippen verfügbaren ständigen Plätze war alles in allem 600.000; die der Saisonplätze, nur für die Zeit der Feldarbeiten, rund vier Millionen. 1935 wurden rund 5,6 Millionen Krippenstellen gezählt, aber die ständigen Plätze bildeten wie bisher lediglich einen unbedeutenden Teil der Gesamtzahl. Außerdem werden die bestehenden Krippen selbst in Moskau, Leningrad und anderen Zentren in der Regel auch den bescheidensten Anforderungen nicht gerecht. „Krippen, wo das Kind sich unbehaglicher fühlt als zu Hause, sind keine Krippen, sondern ein schlechtes Asyl", klagt eine führende Sowjetzeitung. Kein Wunder, wenn die besser gestellten ArbeiterInnenfamilien die Krippen meiden. Für die Hauptmasse der Werktätigen ist aber auch die Zahl dieser „schlechten Asyle" viel zu gering. In allerletzter Zeit erließ das Zentralexekutivkomitee eine Verfügung, dass Findlinge und Waisen Privaten zur Erziehung übergeben werden sollen: in der Person seines höchsten Organs gab der bürokratische Staat auf diese Weise sein Unvermögen in einer höchst wichtigen sozialistischen Funktion zu. Die von den Kindergärten erfasste Zahl der Kinder stieg in dem Jahrfünft 1930 bis 1935 von 370.000 auf 1.181.000.

Man erstaunt über die Winzigkeit der Zahl für 1930! Aber auch die Zahl für 1935 ist nur ein Tropfen im Meer der Sowjetfamilien. Eine eingehendere Untersuchung würde zweifelsohne den Nachweis erbringen, dass der größte und jedenfalls der beste Teil dieser Kindergärten auf die Familien der Verwaltungen, des technischen Personals, der Stachanowisten und so weiter entfällt.

Das Zentralexekutivkomitee war unlängst ebenfalls gezwungen, offen zu gestehen, dass „der Beschluss über die Liquidierung der Kinderverwahrlosung und -nichtbeaufsichtigung nur in geringem Maße verwirklicht wird". Was verbirgt sich hinter diesem kühlen Geständnis? Nur zufällig erfahren wir aus in kleiner Schrift gedruckten Pressenotizen, dass sich in Moskau mehr als tausend Kinder „in außerordentlich schweren Familiendaseinsbedingungen" befinden, dass es in den sogenannten Kinderheimen der Hauptstadt 1500 Halbwüchsige gibt, die nirgendwo Zutritt haben und denen nur die Straße übrig bleibt, dass in zwei Herbstmonaten des Jahres 1935 in Moskau und Leningrad „7500 Eltern, die ihre Kinder ohne Aufsicht gelassen hatten, zur Verantwortung gezogen wurden". Von welchem Erfolg waren diese gerichtlichen Verfolgungen begleitet? Wie viel tausend Eltern entgingen diesem Schicksal? Wie viel Kinder, die sich in „außerordentlich schweren Bedingungen" befinden, blieben unerfasst? Worin unterscheiden sich die außerordentlich schweren von den einfach schweren Bedingungen? Das sind Fragen, die ohne Antwort bleiben. Die gewaltigen Ausmaße der Kinderverwahrlosung, nicht nur der sichtbaren und offenen, sondern auch der verschleierten, sind ein unmittelbares Resultat der großen sozialen Krise, in der die alte Familie viel rascher weiterverfällt, als die neuen Einrichtungen imstande sind, sie zu ersetzen.

Aus denselben zufälligen Pressenotizen. aus den Episoden der Kriminalchronik kann der Leser von der Existenz der Prostitution in der UdSSR, erfahren, dass heißt der tiefsten Degradierung der Frau im Interesse des zahlungsfähigen Mannes. Im Herbst vergangenen Jahres meldete die Iswestija beispielsweise überraschend aus Moskau die Verhaftung von „an die 1000 Frauen, die sich auf den Straßen der proletarischen Hauptstadt heimlich verkauften." Unter den Verhafteten waren: 177 Arbeiterinnen, 92 Angestellte, 5 Studentinnen und so weiter. Was trieb sie aufs Trottoir? Unzureichende Entlohnung, Not, die

Notwendigkeit „sich nebenher Kleider und Schuhe zu verdienen". Vergebens versuchten wir auch nur annähernd den Umfang dieses sozialen Übels kennen zu lernen. Die züchtige Bürokratie befiehlt der Statistik Schweigen. Aber gerade das erzwungene Schweigen ist ein einwandfreies Zeugnis für den großen Umfang der „Klasse" der Sowjetprostituierten. Hier kann es sich aus der Natur der Sache heraus nicht um „Überreste der Vergangenheit" handeln: Die Prostituierten rekrutieren sich aus der jungen Generation. Keinem vernünftigen Menschen wird es natürlich einfallen, diese Plage, die so alt ist wie die Zivilisation, dem Sowjetregime speziell zur Last zu legen. Doch unverzeihlich ist es, vom Triumph des Sozialismus zu reden, wo Prostitution besteht. Die Zeitungen behaupten zwar – soweit es ihnen überhaupt gestattet ist, dies heikle Thema anzurühren – dass „die Prostitution sich verringert": Möglich, dass dem wirklich so ist, im Vergleich mit den Jahren des Hungers und Zerfalls (1931 bis 1933). Aber die danach erfolgte Wiederherstellung der Geldverhältnisse, die alle Naturalformen der Ernährung verdrängte, führte unvermeidlich zum Wiederaufleben der Prostitution und der Kinderverwahrlosung. Wo Privilegierte, sind auch Parias!

Die massenhafte Kinderverwahrlosung ist zweifellos das unfehlbarste und tragischste Zeichen für die schwere Lage der Mütter. In dieser Hinsicht ist selbst die optimistische Prawda gezwungen, zuweilen bittere Geständnisse zu machen. „Die Geburt eines Kindes ist für viele Frauen eine ernste Bedrohung ihrer Lage..." Eben deshalb hatte die Revolutionsmacht der Frau das Recht auf Abtreibung gebracht, das, wo Not und Familienjoch bestehen, eines der bedeutendsten politischen und kulturellen Bürgerrechte ist, was darüber auch die Eunuchen und alten Jungfern beiderlei Geschlechts sagen mögen. Allein, auch dies an sich traurige Recht der Frau verwandelt sich bei faktischer sozialer Ungleichheit in ein Vorrecht. Vereinzelte in die Presse gedrungene Angaben über die Abtreibungspraxis sind wahrhaft erschütternd. So waren 1935 allein in einem einzigen Dorfkrankenhaus eines Bezirks im Ural „195 von den Engelmacherinnen verstümmelte Frauen" gelegen, davon 33 Arbeiterinnen, 28 Angestellte, 65 Kolchosbäuerinnen. 58 Hausfrauen und so weiter. Der Uralbezirk unterscheidet sich von den meisten anderen Bezirken nur dadurch, dass von ihm Kunde in die

Presse drang. Wie viel Frauen werden tagtäglich auf dem gesamten Territorium der UdSSR verstümmelt?...

Nachdem der Staat seine Unfähigkeit bewiesen hatte, den Frauen, die zur Abtreibung Zuflucht nehmen mussten, die notwendige medizinische Hilfe und hygienischen Einrichtungen zur Verfügung zu stellen, änderte er jäh den Kurs und beschritt den Weg der Verbote. Wie auch bei anderen Gelegenheiten macht die Bürokratie aus der Not eine Tugend. Eines der Mitglieder des Obersten Sowjetgerichtshofs Solz, Spezialist in Ehefragen, begründet das bevorstehende Abtreibungsverbot damit, dass in der sozialistischen Gesellschaft, wo es keine Arbeitslosigkeit gibt. Und so weiter und so fort, die Frau kein Recht habe, auf die „Mutterschaftsfreuden" zu verzichten. Philosophie eines Pfaffen, der zudem die Macht des Gendarmen ausübt! Soeben erst vernahmen wir aus dem Zentralorgan der regierenden Partei, dass die Geburt eines Kindes für viele Frauen – richtiger wäre zu sagen, für die erdrückende Mehrheit – eine „Bedrohung ihrer Lage" ist. Soeben erst hörten wir aus dem Munde der höchsten Sowjetinstitution: „Die Liquidierung der Kinderverwahrlosung und -nichtbeaufsichtigung wird schwach verwirklicht", was zweifellos ein neues Wachstum der Kinderverwahrlosung bedeutet. Und da kündigt uns ein hoher Sowjetrichter an, im Lande wo es „eine Lust ist zu leben" müssten Abtreibungen mit Gefängnis bestraft werden, genau ebenso wie in den kapitalistischen Ländern, wo das Leben eine Trübsal ist. Es ist von vornherein klar, dass in der UdSSR ebenso wie im Westen hauptsächlich Arbeiterinnen Dienstbotinnen, Bäuerinnen dem Kerkermeister in die Fänge geraten werden, da es für sie schwer ist, ihren Zustand zu verbergen. Was „unsere Frauen" betrifft, die es nach guten Parfums und anderen schönen Dingen verlangt, so werden sie nach wie vor tun, was ihnen beliebt vor der Nase einer wohlwollenden Justiz. „Wir brauchen Leute", ergänzt sich Solz vor den Besprisornyje die Augen verschließend. „Dann gebt euch nur Mühe und macht selber welche", möchten die Millionen werktätiger Frauen dem hohen Richter antworten, hätte die Bürokratie ihnen nicht den Mund versiegelt, Diese Herren haben offenbar vollends vergessen, dass der Sozialismus die Ursachen, welche die Frau zur Abtreibung treiben, beseitigen und nicht ihr durch gemeines Eingreifen der Polizei in ihr intimstes Leben „Mutterfreuden" aufzwingen soll.

Der Gesetzentwurf über das Abtreibungsverbot wurde zur sogenannten Volksdiskussion gestellt. Selbst durch das feine Sieb der Sowjetpresse drangen nicht wenig bittere Klagen und verhaltene Proteste. Die Diskussion wurde ebenso plötzlich eingestellt, wie sie begonnen worden war. Am 27. Juni machte das Zentralexekutivkomitee aus dem unverschämten Gesetzentwurf ein dreifach unverschämtes Gesetz. Selbst unter den geschworenen AdvokatInnen der Bürokratie geriet so manch einer in Verlegenheit. Louis Fischer erklärte diesen gesetzgebenden Akt für eine Art bedauerliches Missverständnis. In Wirklichkeit ist das neue Gesetz gegen die Frauen – mit Ausnahmen für die Damen – eine ganz gesetzmäßige Frucht der thermidorianischen Reaktion!

Die feierliche Rehabilitierung der Familie, die – welch ein Wunder der Vorsehung! – mit der Rehabilitierung des Rubels zusammenfiel, war durch ein materielles und kulturelles Versagen der Staates verursacht. Statt offen zu sagen: es zeigte sich, dass wir noch zu arm und zu roh sind, um sozialistische Beziehungen zwischen den Menschen zu schaffen, diese Aufgabe werden unsere Kinder und Enkel erfüllen, verlangen die FührerInnen, nicht bloß die Scherben der zerbrochenen Familie wieder zusammenzuleimen, sondern sie auch, unter Androhung schlimmster Strafen, als geheiligte Urzelle des siegreichen Sozialismus zu betrachten. Schwerlich ist das Ausmaß dieses Rückzugs mit bloßem Auge zu ermessen!

Alles und alle werden in den neuen Kurs mitgerissen: GesetzgeberInnen und BelletristInnen, RichterInnen und MilizionärInnen, Presse und Schule. Wenn ein naiver und aufrichtiger Jungkommunist sich erkühnt, an seine Zeitung zu schreiben: „Ihr tätet besser, euch mit der Lösung der Frage zu befassen, wie die Frau aus dem Schraubstock der Familie herauskommen soll", so erhält er zur Antwort ein paar tüchtige Fausthiebe und – schweigt. Das ABC des Kommunismus wird für eine „ultralinke Abweichung" erklärt. Die stumpfsinnigen und beschränkten Vorurteile des kulturarmen Spießertums erstehen wieder auf im Namen der neuen Moral. Und was geht im Alltagsleben in allen Ecken und Winkeln des unermesslichen Landes vor? Die Presse gibt nur in ganz winzigem Maße ein Bild von der Tiefe der thermidorianischen Reaktion auf dem Gebiet der Familie.

Da die edle Leidenschaft der Prediger zusammen mit den Lastern wächst, erlangt das siebente Gebot große Popularität in der herrschenden Schicht. Die Sowjetmoralisten brauchen die Phraseologie nur leicht aufzufrischen. Ein Feldzug hat begonnen gegen die allzu häufigen und leichten Scheidungen, Das schöpferische Denken des Gesetzgebers ersann bereits eine so „sozialistische" Maßnahme wie die Erhebung einer Gebühr bei der Eintragung einer Scheidung, mit Zuschlägen im Wiederholungsfall. Nicht umsonst wiesen wir weiter oben darauf hin, dass die Wiedergeburt der Familie Hand in Hand geht mit einer Steigerung der erzieherischen Rolle des Rubels. Die Steuer erschwert zweifellos die Eintragung für alle, denen das Zahlen schwer fällt. Für die Spitzen bildet die Gebühr ja hoffentlich kein Hindernis. Außerdem regeln Leute, die gute Wohnungen, Automobile und andere schöne Sachen besitzen, ihre persönlichen Angelegenheiten ohne überflüssige Bekanntmachungen und folglich auch ohne Eintragungen. Ist ja die Prostitution nur am Bodensatz der Gesellschaft Bürde und Erniedrigung – an den Spitzen der Sowjetgesellschaft, wo Macht sich mit Komfort paart, nimmt die Prostitution die elegante Form kleiner gegenseitiger Gefälligkeiten und selbst die Gestalt der „sozialistischen Familie" an. Von Sosnowski erfuhren wir bereits die Bedeutung des „Auto-Harem-Faktors" in der Entartung der herrschenden Schicht.

Die lyrischen, akademischen und anderen „Freunde der Sowjetunion" haben Augen, um nichts zu sehen. Unterdessen wird die Ehe- und Familiengesetzgebung der Oktoberrevolution, auf die man einst mit Fug und Recht stolz war, auf dem Wege umfassender Anleihen aus dem Gesetzesarsenal der bürgerlichen Länder umgestaltet und verkrüppelt. Wie um den Verrat noch den Stempel des Hohns aufzudrücken werden dieselben Argumente, die früher für die unbedingte Scheidungs- und Abtreibungsfreiheit ins Feld geführt wurden – „Befreiung der Frau", „Verteidigung der Persönlichkeitsrechte", „Schutz der Mutterschaft" – heute für ihre Einschränkung oder völlige Aufhebung wiederholt.

Der Rückzug kleidet sich nicht nur in abscheuliche Heuchelei, sondern geht im Grunde viel weiter, als die eiserne Notwendigkeit der Wirtschaft es erfordert. Zu objektiven Ursachen, die durch die Rückkehr zu bürgerlichen Normen wie der Zahlung von Alimenten hervorgerufen sind, gesellt sich das soziale Interesse der herrschenden Schicht an der Ausweitung des bürgerlichen Rechts. Das gebieterischste Motiv für den heutigen Familienkult ist zweifelsohne das Bedürfnis der Bürokratie nach einer stabilen Hierarchie der gesellschaftlichen Beziehungen und nach der Disziplinierung der Jugend durch 40 Millionen Stützpunkte der Autorität und der Macht.

Als die Hoffnung noch lebendig war, die Erziehung der jungen Generationen dem Staat in die Hand zu geben, kümmerte sich die Macht nicht nur nicht darum, die Macht der „Alten", insbesondere von Vater und Mutter, aufrechtzuerhalten, sondern trachtete im Gegenteil danach, die Kinder so viel wie möglich von der Familie zu trennen, um sie so vor den Traditionen der althergebrachten Lebensart zu bewahren. Noch ganz vor kurzem, während des ersten Fünfjahresplans, bedienten sich Schule und Komsomol weitgehend der Kinder, um den trunksüchtigen Vater oder die religiöse Mutter zu entlarven, zu beschämen, überhaupt „umzuerziehen"; mit welchem Erfolg, ist eine Frage für sich. Jedenfalls bedeutete diese Methode, die elterliche Autorität in ihren Grundfesten zu erschüttern. Heute ist auch auf diesem nicht unwichtigen Gebiet ein jäher Wechsel eingetreten: neben dem siebenten ist auch das fünfte Gebot wieder vollständig in seine Rechte eingesetzt, allerdings noch ohne Berufung auf Gott; aber auch die französische Schule kommt ohne dies Attribut aus, was sie nicht hindert, mit Erfolg Konservatismus und Routine zu züchten.

Die Sorge um die Autorität der Erwachsenen führte übrigens bereits auch zu einer Änderung in der Religionspolitik. Die Leugnung Gottes, seiner Gehilfen und seiner Wunder war von allen Keilen, welche die revolutionäre Macht zwischen Kinder und Eltern trieb, der spitzeste. Der Kampf gegen die Kirche überholte das Wachstum der Kultur, der ernsten Propaganda und wissenschaftlichen Erziehung und artete unter der Leitung von Leuten wie Jaroslawski oft in Mummenschanz und Unfug aus. Heute ist es mit der Himmelsstürmerei ebenso wie mit der Familienstürmerei vorbei. Besorgt um die Reputation ihrer Tüchtigkeit, wies die Bürokratie die jungen Gottlosen an, das Waffengeschirr abzulegen und sich hinter die Bücher zu setzen. In Bezug auf die Religion greift allmählich ein Regime ironischer Neutralität Platz. Doch das ist nur eine erste Etappe. Die zweite und die dritte wären unschwer vorherzusehen, wenn der Gang der Ereignisse nur von der obersten Gewalt abhinge.

Die Heuchelei der herrschenden Anschauungen entwickelt sich stets und überall im Quadrat oder in der dritten Potenz zu den sozialen

Widersprüchen; so ungefähr lautet das historische Gesetz der Ideologien, übersetzt in die Sprache der Mathematik. Sozialismus, wenn er überhaupt diesen Namen verdient, bedeutet: menschliche Beziehungen ohne Gewinnsucht, Freundschaft ohne Neid und Intrigen, Liebe ohne niedrige Berechnung. Die offizielle Doktrin erklärt diese Idealnormen um so nachdrücklicher für bereits verwirklicht, je lauter die Wirklichkeit gegen diese Behauptungen protestiert. „Auf der Grundlage der tatsächlichen Gleichheit von Mann und Frau", sagt zum Beispiel das neue Komsomolprogramm, das im April 1936 angenommen wurde, „bildet sich die neue Familie, um deren Blühen der Sowjetstaat bemüht ist". Ein offizieller Kommentar ergänzt das Programm „Unsere Jugend kennt bei der Wahl des Lebensgefährten – Mann oder Frau – nur ein Motiv, einen Trieb: die Liebe. Die bürgerliche Interessen- oder Geldheirat existiert für unsere heranwachsende Generation nicht". (Prawda, 4. April 1936). Soweit von einfachen Arbeitern und Arbeiterinnen die Rede ist, ist dies mehr oder weniger wahr. Aber die „Interessenheirat" ist auch bei den ArbeiterInnen der kapitalistischen Länder verhältnismäßig wenig im Brauch. Ganz anders steht die Sache bei den mittleren und höheren Schichten. Die neuen sozialen Gruppierungen unterwerfen sich automatisch das Gebiet der persönlichen Beziehungen. Die Laster, die von Macht und Geld um die sexuellen Beziehungen geschaffen werden, blühen in den Kreisen der Sowjetbürokratie so üppig, als hätte sie sich in dieser Hinsicht zum Ziel gesetzt, die Bourgeoisie des Westens zu überholen.

Ganz im Widerspruch zu der soeben zitierten Behauptung der Prawda ist die „Interessenheirat", wie die Sowjetpresse selber in Stunden zufälliger oder erzwungener Offenheit es zugibt, heute im vollen Umfange wiedererstanden. Befähigung, Verdienst, Stellung, Zahl der Tressen an der Militäruniform erlangen immer größere Bedeutung, denn damit verbunden sind Fragen wie Schuhe, Pelz, Wohnung, Badezimmer und höchster aller Träume – das Auto. Einzig und allein der Kampf ums Zimmer vereint und trennt täglich in Moskau keine geringe Anzahl Paare. Zu außerordentlicher Bedeutung gelangte die Verwandtenfrage: es ist nützlich, einen Militärkommandeur oder einflussreichen Kommunisten zum Schwiegervater oder die Schwester eines hohen Beamten zur Schwiegermutter zu haben. Soll man sich darüber wundern? Könnte dem anders sein?

Ein sehr dramatisches Kapitel im großen Sowjetbuch bildet die Erzählung von der Zwietracht und dem Zerfall der Sowjetfamilien, wo der Mann als Parteimensch, Gewerkschaftler, Militärkommandeur oder Verwalter emporstieg. sich entwickelte, neuen Geschmack am Leben fand, die von der Familie unterdrückte Frau aber auf dem alten Niveau blieb. Der Weg zweier Generationen der Sowjetbürokratie ist mit Tragödien zurückbleibender und verstoßener Frauen besät! Dieselbe Erscheinung ist heute in der jungen Generation zu beobachten. Die größte Rohheit und Grausamkeit ist wohl gerade an den Spitzen der Bürokratie anzutreffen, wo ein hoher Prozentsatz aus unkultivierten Emporkömmlingen besteht, die meinen, ihnen sei alles erlaubt. Die Archive und Memoiren werden einmal zu Tage fördern, welch geradezu kriminelle Verbrechen an den Ehefrauen und Frauen überhaupt begangen wurden von Seiten der gerichtlich nicht belangbaren Priester der Familienmoral und der obligatorischen „Mutterfreuden".

Nein, die Sowjetfrau ist noch nicht frei, Die völlige Gleichberechtigung brachte bisher unvergleichlich größere Vorteile für die Frauen der oberen Schichten, die Vertreterinnen der bürokratischen, technischen, pädagogischen, überhaupt geistigen Arbeit, als für die Arbeiterinnen und besonders die Bäuerinnen. Solange die Gesellschaft nicht imstande ist, die materiellen Familiensorgen zu übernehmen, kann eine Mutter nur dann mit Erfolg eine gesellschaftliche Funktion ausüben, wenn ihr eine weiße Sklavin zu Diensten steht – als Kinderwärterin, Dienstmädchen, Köchin und so weiter. Von 40 Millionen Familien, die die Bevölkerung der Sowjetunion bilden, gründen 5 Prozent, vielleicht auch 10 Prozent ihren „Herd" direkt oder indirekt auf die Arbeit von Haussklavinnen und -sklaven. Die genaue Anzahl der Sowjetdienstboten wäre von nicht geringerer Bedeutung für eine sozialistische Beurteilung der Lage der Frauen in der UdSSR als die gesamte Sowjetgesetzgebung, so fortschrittlich sie auch sein mag. Aber eben deshalb versteckt die Statistik die Dienstboden in der Rubrik „Arbeiterinnen" oder „Diverse"!

Die Lage einer Familienmutter, die eine geachtete Kommunistin ist, ihre Köchin hat, Bestellungen in den Kaufläden per Telefon erledigt, Auto fährt und so weiter, hat wenig mit der Lage einer Arbeiterin gemein, die von Laden zu Laden laufen, selbst die Mahlzeiten zubereiten, die Kinder zu Fuß aus dem Kindergarten abholen muss – wenn überhaupt einer da ist. Keine sozialistischen Etiketten können diesen sozialen Kontrast verdecken der nicht geringer ist als der Kontrast zwischen einer bürgerlichen Dame und der Proletarierin in einem beliebigen Lande des Westens.

Die wirklich sozialistische Familie, der die Gesellschaft die Last der unerträglichen und erniedrigenden Alltagssorgen abnimmt, wird keiner Reglementierung bedürfen, und die bloße Vorstellung von Abtreibungs- oder Scheidungsgesetzen wird ihr nicht schöner erscheinen als die Erinnerung an Freudenhäuser oder Menschenopfer. Die Oktobergesetzgebung tat einen kühnen Schritt zu einer solchen Familie hin. Wirtschaftliche und kulturelle Zurückgebliebenheit erzeugten eine heftige Reaktion. Die thermidorianische Gesetzgebung geht zu den bürgerlichen Vorbildern zurück und verhüllt ihren Rückzug mit falschen Reden über die Heiligkeit der „neuen" Familie. Das Versagen des Sozialismus verbirgt sich auch in dieser Frage hinter frömmelnder Respektabilität.

Es gibt aufrichtige Beobachter, die, besonders in der Frage der Kinder, erschüttert sind von dem Widerspruch zwischen den hohen Prinzipien und der hässlichen Wirklichkeit. Allein, eine Tatsache wie die grausamen Kriminalstrafen gegen verwahrloste Kinder kann einen denken lassen, dass die sozialistische Gesetzgebung zum Schutze der Frau und des Kindes nichts weiter ist als eine einzige Heuchelei. Es gibt den umgekehrten Typ von Beobachtern, die sich von der Weite und Großzügigkeit der Absicht bestechen lassen, wie sie in den Gesetzen und Verwaltungsorganen sich äußert; beim Anblick der mit dem Elend ringenden Mütter, Prostituierten und Besprisornyje sagen sich diese Optimisten, dass das weitere Wachsen des materiellen Reichtums allmählich den sozialistischen Gesetzen Fleisch und Blut verleihen wird. Es ist nicht leicht zu entscheiden, welche von diesen beiden Denkweisen falscher und schädlicher ist. Die Weite und Kühnheit des sozialen Plans die Bedeutsamkeit der ersten Etappen seiner Erfüllung und der eröffneten gewaltigen Möglichkeiten können nur Leute übersehen, die mit historischer Blindheit geschlagen sind. Doch andererseits kann man auch nicht umhin, sich über den passiven, im Grunde gleichgültigen Optimismus derer zu empören, die die Augen vor dem Wachsen der sozialen Widersprüche verschließen und sich mit Ausblicken auf eine Zukunft vertrösten, deren Schlüssel sie ehrerbietig in den Händen der Bürokratie zu belassen vorschlagen. Als ob die Rechtsgleichheit von Mann und Frau nicht bereits zur Gleichheit ihrer Rechtlosigkeit vor der Bürokratie geworden wäre! Und als ob es ein für allemal feststünde, dass die Sowjetbürokratie statt der Befreiung nicht auch ein neues Joch bringen könne.

Wie der Mann die Frau versklavte, wie der Ausbeuter sie sich alle beide unterwarf, wie die Werktätigen sich um den Preis ihres Bluts aus der Sklaverei zu befreien versuchten und nur ihre Ketten gegen andere vertauschten – von all dem weiß die Geschichte uns viel zu erzählen; ja im Grunde erzählt sie gar nichts anderes. Wie aber tatsächlich das Kind, die Frau, der Mensch befreit werden, davon gibt es noch keine positiven Beispiele. Die gesamte, durch und durch negative historische Vergangenheit fordert von den Werktätigen vor allen Dingen unversöhnliches Misstrauen gegen ihre privilegierten und unkontrollierten Vormünder!

Was will die SAV?

Die Krise des Kapitalismus führt zu Angriffen auf den Lebensstandard und die Rechte der Lohnabhängigen und sozial Benachteiligten. Die Zerstörung der Umwelt nimmt immer bedrohlichere Formen an. Dagegen muss massenhafter Widerstand organisiert werden. Dafür ergreifen wir Initiativen und sind aktiv in der Partei DIE LINKE, dem Jugendverband Linksjugend['solid], den Gewerkschaften und sozialen Bewegungen.

Die arbeitende und erwerbslose Bevölkerung braucht auch eine sozialistische Massenpartei, die ihre Interessen politisch zum Ausdruck bringt. Zur Zeit sehen wir in der LINKEN den einzigen ernsthaften Ansatz, die nötigen Debatten über den Aufbau einer solchen Partei zu führen und praktische Schritt dafür zu ergreifen. Deshalb sind wir Teil der LINKEN und treten für eine kämpferische und sozialistische Partei ein.

Alle Erfahrungen zeigen: Der Kapitalismus kann nicht zu einer friedlichen und sozial gerechten Gesellschaft umgestaltet werden. Deshalb gilt es, den Kampf für Verbesserungen mit dem Kampf für eine sozialistische Gesellschaft zu verbinden. Sozialismus bedeutet, dass die ganze Gesellschaft demokratisch durch die arbeitende Bevölkerung kontrolliert und verwaltet wird. Dazu müssen die Banken und Konzerne in öffentliches Eigentum überführt werden. Das hat nichts mit den stalinistischen Diktaturen zu tun, die in der DDR oder der Sowjetunion existierten. In diesen herrschte eine abgehobene Bürokratie über die Bevölkerung.

Die Revolutionen und Aufstände in Nordafrika haben gezeigt: spontan können Massenbewegungen Herrscher stürzen und revolutionäre Situationen auslösen. Erfolgreiche und dauerhafte Veränderungen der Macht- und Eigentumsverhältnisse sind jedoch nur möglich, wenn die Massen über eine schlagkräftige Organisation verfügen. Dazu bedarf es einer internationalen marxistischen Organisation. Eine solche wollen wir gemeinsam mit dem Komitee für eine Arbeiterinternationale weltweit aufbauen.

- Demokratisches öffentliches Eigentum an Banken und Konzernen!
- Kooperation und demokratische Planung statt Marktkonkurrenz und Profitlogik
- Nein zum Europa der Banken und Konzerne – für ein sozialistisches Europa der arbeitenden Bevölkerung